Tagebücher aus dem Feldzug 1809 (IV)

Generalmajor von Zeschau

15.04.1809 bis mit 25.10.1809

Beiträge zur sächsischen Militärgeschichte zwischen
1793 und 1815

Heft 55

Abb. 01 – Heinrich Wilhelm von Zeschau   (hier als
Meister der großen Landesloge von Sachsen / Quelle
Wikipedia; gemeinfrei)

Tagebücher aus dem Feldzug 1809 (IV)

Generalmajor von Zeschau

15.04.1809 bis mit 25.10.1809

Bibliographische Information der Deutschen Bibliothek

Die Deutsche Bibliothek verzeichnet diese Publikation in der Deutschen Nationalbibliographie; detaillierte bibliographische Daten sind im Internet über http://dnb.ddb.de abrufbar.

Die Deutsche Bibliothek – CIP – Einheitsaufnahme

Jörg Titze (Hrsg.)

Tagebücher aus dem Feldzug 1809 (III) – Generalmajor von Zeschau 15.04.1809 bis mit 25.10.1809

ISBN 978-3-7357-5076-1

Herstellung und Verlag:

Books on Demand GmbH, Norderstedt

Vorwort

Im Hauptstaatsarchiv Dresden befindet sich das

„Tagebuch des Generals von Zeschau während des Feldzuges 1809"

als Handschrift aus dem Bestand der Bibliothek des 2.Grenadier-Regiments Nr. 101.

Es ist das sechste und letzte Tagebuch aus dem Feldzug von 1809[1], dass sich aktuell im Hauptstaatsarchiv auffinden lässt.

Heinrich Wilhelm von Zeschau[2] war jener Major von Zeschau, der am 10.10.1806 im Gefecht bei Saalfeld das 1ste Bataillon des Regiments Churfürst befehligte, welches den Feind mit dem Bajonett aus dem Dorf Crösten warf.

Verheiratet war Zeschau seit dem 29.10.1781 mit Karoline Christiane von Brause[3]. Dieser Ehe entstammten 7 Kinder.

---

[1] 1. Brigade Lecoq (Heft 50); 2. Kändler, 3. Bose (Heft 51); 4. Marschall von Bieberstein und 5. Schneider (Heft 54 dieser Reihe)

[2] ✧ 22.08.1760 auf dem Rittergut Garrenchen bei Luckau als Sohn des Landesältesten des Kreises Luckau Karl Siegismund von Zeschau, † 14.11.1832 in Dresden
1778 Sousleutnant, 1789 Premierleutnant; 1795 Capitaine, 09.02.1804 Major, 21.10.1808 Oberstleutnant, 19.03.1809 Oberst, 08.04.1809 Generalmajor

[3] ✧ 08.01.1765, † 01.02.1811; ihr Bruder war Friedrich August Wilhelm von Brause, der 1809 als Capitaine (18.08. Major) im Regiment König diente und am 18.10.1813 als Generalmajor seine Brigade zu dem Verbündeten überführte.

Im Feldzug 1809 befehligte Zeschau die 2te Infanterie-Brigade der IIten Divison unter dem Kommando des Generalleutnants von Polenz.

Zeschau erhielt für Wagram (05./06.07.1809) den Orden der Ehrenlegion (erteilt 14.10.1809, Ordens-Nummer 26 858).

Den St. Heinrichs-Orden hatte Zeschau bereits am 14.02.1808 für sein Verhalten in der Schlacht bei Heilsberg und Domnau (10.06.1807) erhalten.

Der Text selbst ist so originalgetreu wie möglich, der heutigen Rechtschreibung angepasst, wiedergegeben.

Bedanken möchte ich mich bei Herrn Dr. Reinhard Münch für die Überlassung seiner Kopie der Originalakte zur „Nachnutzung".

Natürlich möchte ich mich auch bei Ihnen, verehrter Leser, dafür bedanken, dass Sie sich zum Kauf dieses Buches entschlossen haben. Insofern Sie Anregungen und Kritiken haben, über den Inhalt diskutieren oder mir einfach nur mitteilen wollen, ob Ihnen das Buch gefallen hat, so können Sie mich via email unter
sachsen-titze@t-online.de   erreichen.

Ihr

Jörg Titze

Weimar, den 29ten April 1809

Der erste Rasttag, den ich heute habe, sei dazu bestimmt, Dir meine gute Lina, Nachrichten von meinen bisherigen Ereignissen zu geben. Die Zeit mangelt mir, um mehrere Briefe zu schreiben und wird mir in der Folge noch mehr mangeln; ich bitte Dich daher, solche meinem Bruder mitzuteilen, sie ihm aber selbst oder durch Mariannen aushändigen zu lassen, damit er die Gefälligkeit habe, sie gleich zu lesen und damit sie nicht durch die Domestiken verloren gehen; dann schicke aber solche an Heinrich, welcher sie sammeln und aufbewahren, auch sobald mehrere Blätter zusammen gekommen sind, heften lassen soll, damit ich, wenn mich Gott erhält, ein vollständiges Tagebuch einst wiederfinde. Ich verbiete aber durchaus, außerdem irgend Jemand meine Briefe zu zeigen.

Den 15ten April   Hatte ich bei meinem Abgang aus Dresden dem zu meiner Brigade gehörigen 2ten Bataillon von Oebschelwitz seinen Sammelplatz am Japanischen Palais angewiesen; sobald es aufmarschiert war, ritt ich die Front herunter, sagte den Leuten einen guten Morgen, ließ sodann die Offiziers vorkommen, sagte selbigen, was ich von Ihnen und dem Bataillon forderte und erwartete und hielt dann noch eine kurze Anrede an die Mannschaft, worauf ich abmarschieren ließ, für meine Person aber, mit meinem Gefolge, nach Kötzschenbroda ritt, wo ich dem Regiment Niesemeuschel sein Rendezvous gegeben hatte. Hier verfuhr ich fast auf ähnliche Art, wie bei Oebschelwitz und als letztgedachtes Bataillon herangekommen war, setzte ich nun mit allen 3 Bataillons meinen Marsch nach Meißen fort. Erst bei Gölle konnte ich das Grenadier-Bataillon von Radeloff an mich ziehen, weil solches von Hermsdorf und Lause, wo es gestanden, seinen Weg über Moritzburg genommen hatte. Mit diesen 4 Bataillons rückte ich nun nach Meißen ein, woselbst auch der interimistische Divisions-General von Barner sein Quartier genommen hatte. Ich ward bei dem Apotheker am Markte einquartiert, wo ich vortrefflich logiert und gut bewirtet war – nur wollte mir der vaterländische Wein nicht munden, ohngeachtet er in seiner Art vortrefflich sein mochte. Regiments-Angelegenheiten, Einrichtungen in meiner Brigade, Höflichkeits-Besuche die ich von allen möglichen Behörden und Bekannten erhielt, ließen mir keinen Augenblick Ruhe. Ich konnte daher nicht zum Amtmann Beck gehen, sondern musste ihn vielmehr bitten lassen, mich zu besuchen. Er blieb einige Stunden bei mir und ließ es sich gefallen, sich jedesmal in ein anderes Zimmer zu begeben, wenn Dienstgeschäfte vorfielen.

Den 16ten April   Früh um 6 Uhr versammelte ich meine 4 Bataillons auf dem Markte und marschierte mit selbigen ab, um andere Quartiere zu beziehen, die 3 bis 4 Stunden entfernt gegen Lommatzsch zu lagen – weil die 1ste Division bestimmt war, die Orte zu belegen, welche ich inne gehabt hatte. Das 5te Bataillon meiner Brigade, nämlich das Grenadier-Bataillon von Winkelmann, welches in einem Lager bei Reichenberg gestanden hatte und mit der Brigade von Lecoq am 15ten von dort aufgebrochen war, hatte ich nicht an mich ziehen können, indem dasselbe in Siebeneichen einquartiert war. Ich erhielt mein Quartier in Löthayn, nebst allen Generals von der 2ten Division. Ein nettes kleines Bauernstübchen nahm mich freundlich auf – dahingegen die Generals Barner und Feilitzsch auf dem Schlosse bei dem Rittergutsbesitzer Herrn von Römer ihr Unterkommen fanden. General Lecoq lag, so wie ich, in einem Bauernhause. Zwar ward ich aufs Schloss zu Tische gebeten, allein ich lehnte es ab, um mehr mir selbst zu leben. Zu Mittag kam der Amtmann Beck zu mir geritten und da der Graf Hopfgarten nicht aufs Schloss gebeten war, ohngeachtet sein General sich dort befand, so ließ er es sich bei mir gefallen; diese beiden Gäste , meine beiden Adjutanten und ich waren mit der Bewirtung meiner Köchin sehr wohl zufrieden – einige Bouteillen Wein stimmten uns heiter und wir vergaßen alles, was vielleicht jeden in seinen Verhältnissen zum Unmut gereizt hätte.

Den 17ten April   Wurde   meiner   Brigade   eine Batterie zugeteilt, die unter Kommando des Hauptmanns von Großmann aus 4 leichten Achtpfündern und 2 achtpfündigen Haubitzen besteht. Der Etat meiner Brigade ist also nunmehr wie folgt:

1 Grenadier-Bon. v.Radeloff	620 Mann
1 Grenadier-Bon. v.Winkelmann	620 Mann
2 Bataillons v. Niesemeuschel	1.243 Mann
1 Bataillon Oebschelwitz	620 Mann
Batterie v.Großmann	<u>131 Mann</u>
	3.234 Mann

Das Regiment Niesemeuschel, welches um seine Quartiere zu beziehen nach Stockhausen über Döbeln das Dorf Hüfchen, woselbst die Batterie stand, passieren musste, erhielt von mir Befehl, solche auf dem Marsch an sich zu nehmen; ich für meine Person legte mich zu dem Grenadier-Bataillon v.Radeloff nach Roßwein; Winkelmann und Oebschelwitz blieben noch hinter Roßwein stehen. Mein Quartier war bei einem Kaufmann Namens Lommatzsch. Sein Haus war neu und elegant möbliert – sein Burgunder gut und sein Tisch so beschaffen, dass meine Köchin Rasttag haben konnte.

Den 18ten April   Brach ich früh um halb 6 Uhr auf. Meiner ganzen Brigade hatte ich das Rendezvous von Waldheim gegeben. Beim Durchmarsch sah ich den ehelichen Oberstleutnant Loeben am Fenster; er ließ mich bitten, ein Frühstück bei ihm einzunehmen, aber ich wollte des Beispiels wegen mich nicht von meiner Brigade trennen und setzte mit solcher den Marsch bis über Rochlitz fort. Sie ward zwischen Rochlitz und Geithain einquartiert und ich nahm mein Quartier in Schwarzbach bei dem Regiment Niesemeuschel, wo eine Pfarrfrau, in Abwesenheit ihres Mannes, mich äußerst gefällig aufnahm. Sie ist die Tochter des Predigers Winkler in Dresden. Mein Geschäfte und meine Müdigkeit erlaubten mir nicht, ihre Konversation sehr zu genießen, auch meine Adjutanten waren nicht einmal aufgelegt dazu, denn wir rückten erst halb 4 Uhr ins Quartier.

Den 19ten April   Früh halb 3 Uhr erhielt ich Befehl, meinen Marsch nicht weiter als bis vor Frohburg fortzusetzen, woselbst sich die Division vereinigen und die 1ste Division dazu stoßen würde.; die Equipagen sollten aber voraus geschickt werden, Frohburg passieren und dort auffahren. Ich sammelte also meine Brigade vor Geithain früh 6 Uhr und traf mit selbiger zur anbefohlenen Zeit vor Frohburg ein, fand jedoch die Kavallerie der 2ten Division und die Brigade Lecoq bereits angekommen, weil sie weiter vor gelegen hatten, formierte nun eine geschlossene Kolonne und manövrierte mich mit selbiger in das für mich offen gelassene Loch. Wir mussten einige Stunden warten ehe die 1ste Division, die am meisten zurück gewesen war, ankam; indessen hatte der Rittergutsbesitzer von Frohburg, Herr Blümers, ein capriöses Frühstück für uns herausbringen lassen und bewirtete uns sehr artig – sein Burgunder war vorzüglich gut. Die Witterung ward aber so äußerst rau und unfreundlich, dass wir unsern Leuten die Kapots mussten anziehen lassen und uns selbst in die Matins hüllten. Als endlich die 1ste Division anlangte, erhielten wir den Befehl zum Abmarsch. Die Veranlassung zu diesem Halt und Versammeln des Korps war eine ungegründete Nachricht, die man ohne gehörige Prüfung an den Prinzen von Ponte-Corvo hatte gelangen lassen, das die Österreicher in 2 Kolonnen über Wunsiedel hereingebrochen wären, wovon eine Kolonne sich gegen Hessen, die andere gegen Bayreuth dirigierte. Hätte sich diese Nachricht bestätigt, so würde dies auf die Richtung unseres Marsches Einfluss gehabt haben, daher war jener Halt notwendig. Ein Offizier, der vom Prinzen als Kurier war abgesendet worden, um Erkundigungen desfalls einzuziehen, kam eben zurück, als die 1ste Division anlangte und daher erfolgte unser Abmarsch in die voraus bestimmten Quartiere. Gegen 4 Uhr kamen wir nach Altenburg, indem gerade ein entsetzliches Regenwetter einfiel. Die ganze Generalität war daselbst nebst 8 Bataillons einquartiert; ich war bei einem Kaufmann Namens Voß untergebracht, wo ich mich nebst meinen Herren Adjutanten wieder pflegen konnte, ohne einiges Gene unterworfen zu sein. Der Generalleutnant von Polenz übernahm an diesem Tag das Kommando der 2ten Division.

Den 20ten April Hatte es in der Nacht entsetzlich geschneit. Da die Batterie in einem Dorfe an der so genannten alten Geraischen Straße lag, so musste ich auch mein Rendezvous dort geben und den abscheulichen Weg über Reichsstädt einschlagen. Alle Augenblick war ein Loch vorhanden, dass ich erst ausbessern lassen musste, um mit dem Geschütz durchzukommen. Die Luft war so entsetzlich scharf und schneidend, das Schneegestöber so arg, dass ich und mehrere eine rosenartige Geschwulst im Gesicht davon trugen, welche ein höchst unangenehmes Brennen der Haut verursachte. Gegen 3 Uhr rückte ich in Gera ein, wo auch das Hauptquartier des Prinzen war; 4 Bataillons von meiner Brigade waren ebenfalls dort einquartiert und außerdem noch die Garde und das Grenadier-Bataillon Hake. Weil ich zu spät meine Bestimmung erfahren hatte, so waren schon alle guten Quartiere besetzt; um dem abzuhelfen nahm mich der Kanzler von Eichelberg, der sonst von Einquartierung frei ist, in sein Haus auf, wo ich dieselben Zimmer bewohnte, die Kaiser Napoleon am 11ten Okt. 1806 bewohnt hatte und in demselben Bette schlief, in welchem er vielleicht schlaflos über den Plan zur Schlacht von Jena brütete. Der Kanzler ist ein Mann von vielen Verstand und auch seine Frau hat mir sehr gefallen. Ein Fräulein von Taubenheim, die sich bei ihnen aufhält, schein ein gutes unbefangenes Mädchen zu sein. Um 5 Uhr machte ich einen kurzen Besuch bei Geheim-Kammerrat Pflenz und trank sodann gegen 7 Uhr Tee bei meiner Wirtin.

Den 21ten April   Brach ich gegen 6 Uhr mit meinen 4 Bataillons auf und konnte das Bataillon Radeloff nebst der Batterie nicht eher als in St. Ganglof an mich ziehen. Wir nahmen nun unsern Weg auf Roda, wohin das Hauptquartier verlegt wurde und ich kam mit einem Teil des Bataillons Radeloff über gedachtes Städtchen hinaus nach Heimbüch zu stehen; ein kleines freundliches Dörfchen, ein nettes Oberstübchen und ein reinliches Bett, mehr bedurfte es zu meiner Zufriedenheit nicht. Meine Köchin hatte Gelegenheit , ihr Talent wieder zu üben.

Den 22ten April   Vereinigte ich mich mit meiner Brigade bei Lobeda und hatte Stoff zur Verwunderung, wie man am Tage vor der Schlacht bei Jena diesen wichtigen Pass so zeitig verlassen konnte. Zwei von meinen Bataillons blieben in Jena stehen, woselbst das Hauptquartier war; die übrigen 3 nebst der Batterie kamen auf die Dörfer. Ich erhielt mein Quartier beim Regiment Niesemeuschel in Zwätzen, auf der dem Land-Kommandeur von Berlepsch zugehörigen Kommando. Von einer Anhöhe herab, die ich den Nachmittag bestieg, zeigte sich das anmutige Tal, welches die Saale in dieser Gegend bildet, mit seinen Umgebungen in der reizendsten Gestalt. Schade, dass das Frühjahr noch nicht weit genug vorgerückt war, um es in seiner ganzen Fülle zu genießen.

Den 23ten April   Ging ich mit den 1sten Bataillon Niesemeuschel, das Rauhtal hart links liegen lassend /: wo eine französische Kolonne unbegreiflicher Weise den 14. Oct. 1806 unbehindert hinauf kletterte :/ bei Isserstädt vorbei, auf Vierzehnheiligen, nach Kötzschen und Hohlstedt, woselbst ich meine Brigade formierte. Ich betrat also den Boden wieder, den ich an jenem merkwürdigen Tage mit dem braven Regiment König eine Zeit lang behauptet hatte, ohngeachtet meine Nachbarn mich verließen; ich ging über den Platz weg, wo ich mich zum letzten Male setzte und folgte nun Fuß vor Fuß meinem Rückzug bis Weimar. Es war ein seltsames Gemisch von Empfindungen, welche bei diesem Marsch in meiner Seele abwechselten. Ohne daran zu denken ritt ich sogar dasselbe Pferd, welches mich damals trug – aber als ich das Schlachtfeld betrat, fiel mir selbst dieser Umstand nicht wenig auf. Um 1 Uhr rückte ich mit meiner ganzen Brigade in Weimar ein, woselbst die ganze Generalität einquartiert war. Gegen 2 Uhr machten wir dem Prinzen von Ponte-Corvo, der im Schloss logierte, die Tour – gingen dann zum Herzog von Weimar und speisten um 3 Uhr bei Letzteren. Es war alles, was an Offiziers in Weimar stand, zur Tafel geladen. Es wurde in 2 verschiedenen Zimmern gespeist und alles war höchst splendid. Das herzogliche Schloss ist einzig in seiner Art; der große Stil, in welchem es gebaut ist, der Luxus, der im Inneren herrscht – alles ist wahrhaft königlich und selbst die Franzosen räumten ein, dass sie in Frankreich kein Schloss kannten, das diesem in Ansehung der Bauart und des Geschmacks an die Seite zu setzen sei. Minder gefiel mir der Ton der

Herzoglichen Familie – es ging sehr steif zu und man erwies keinem von uns die Ehre, mit uns zu sprechen. Nur der Generalleutnant von Polenz ward mit einigen Worten unterhalten.

Abends wurde ein Ball auf dem Stadthause gegeben, den ich jedoch nicht besuchte. Da das Regiment König zugleich auch in Weimar stand, so hatte ich mir meinem Wilhelm kommen lassen, den ich auf dem ganzen Marsch nur ein einziges Mal auf einen Blick bei Frohburg gesehen aber nicht gesprochen hatte.

Ein anderes Vergnügen erwartete meiner aber noch; ich erkundigte mich nach der Witwe des verstorbenen Konsistorial-Präsidenten von Herder, dem ich soviel verdanke – und die ebenso wie ihr Gatte, mir als Knaben unendliche Güte erzeigt hatte und siehe da, sie wohnte mit mir in demselben Haus; ich eilte zu ihr hinauf, fand sie von Gicht gelähmt, aber die Freudentränen standen ihr in den Augen, als sie mich erblickte. Noch belebte sie die Milde und Freundlichkeit – aber das blühende liebliche Weib, das ich vor 26 Jahren gekannt hatte, war ein altes Mütterchen mit greisem Haar geworden; ihr Blick verklärte sich, wenn sie von ihrem verewigten Gatten sprach und mit regem Gefühl dachte sie noch der in Bückeburg verlebten glücklichen Tage. Beinahe hätte ich vergessen meines Wirts zu erwähnen – es ist der Hauptmann v.Pflen, ein sehr wissenschaftlicher Mann, der eine Zeit lang den Prinzen Bernhard unterrichtet hat. Meine Frau Wirtin mochte sehr gut sein – ich machte ihr einen Besuch von 5 Minuten – sie schielt aber trotz der Gebrüder Langenau

Den 24ten April   Hatten wir nach 9 Märschen den ersten Rasttag, den wir alle sehr bedurften dennoch war ich um 5 Uhr schon auf den Beinen. Gegen 9 Uhr besuchte mich Wilhelm wieder und um 11 Uhr ging ich mit diesem und meinen beiden Adjutanten im Park. Das noch alles dürre war ließ uns freilich nur ahnden, was er sein mag, aber die Anlagen sind groß und schön. Ein Sommerhaus der Herzogs, unter dem Namen des Römischen Hauses bekannt ist vorzüglich schön eingerichtet und geschmackvoll möbliert. Um 3 Uhr war abermals Tafel bei Hofe, wie gestern. Nachmittags besuchte ich die gute Herdern noch einmal und brachte, auf ihr Verlangen, Wilhelm mit; sie freute sich sehr, ein Kind von mir zu sehen. Beim Abschied zerfloss sie fast in Tränen.

Alles vom Militär war zum Schauspiel um 6 Uhr eingeladen; außer uns sah man Niemand im Theater und doch war es gedrängt voll. Die Generals und die Suite des Prinzen von Ponte-Corvo hatten ihren Platz in der Herzogliche Loge. Man gab Wallensteins Tod ganz vortrefflich; Mademoiselle Jagemann als Thekla übertraf sich selbst, besonders sprach sie den bekannten Monolog ganz unnachahmlich.

Den 25ten April   Verließ ich Weimar und zu meinem größten Leidwesen ohne Wieland und Goethe gesehen zu haben. Um 9 Uhr sammelte ich meine Brigade bei Münchenholz, setzte dann meinen Marsch mit selbiger nach Erfurt fort, wo ich um 12 Uhr eintraf und mit allen 5 Bataillons in der Stadt blieb, nur die Batterie kam nach Schmira zu stehen. Der Generalleutnant von Polenz und Generalmajor von

Feilitzsch befinden sich ebenfalls hier. Das große Hauptquartier ist heute in Kranichfeld, der Generalmajor von Lecoq, der mit seiner Brigade eine besondere Kolonne ausmacht, sein Batterie aber zu mir herüber gegeben hat, weil solche auf seinen Wegen nicht fortkam, steht in Ichtershausen. Müdigkeit und Geschäfte verhinderten mich, in Erfurt mich umzusehen. Mein Quartier bei einem Weinschenken auf der Neuenstadt hatte zwar äußere Vorzüge, doch minder inneren Gehalt.

Den 26ten April   Sollte ich mit meiner Brigade nach Ohrdruff marschieren, wohin auch der Generalleutnant von Polenz bestimmt war. Auf einmal erhielt ich früh um 2 Uhr folgenden Befehl: *„die Armee des Erzherzogs Karl ist vernichtet; die Marschdirektion ändert sich. Die Brigade Zeschau marschiert nach Tannroda, woselbst 3 Bataillons und die Batterie einquartiert werden. Zwei Bataillons kommen nach Saufeld und Röllendorf. Das Quartier des Divisions-Generals ist in Kranichfeld.".*

Mein Aufbruch, der um 6 Uhr bestimmt war, erfolgte nun eine Stunde später. Es war ein schöner Frühlingsmorgen und die fruchtbare Gegend von Erfurt gewährte uns im wärmenden Strahl der Sonne einen lieblichen Anblick. Allmählich wurde es aber bergiger und rauer; der Marsch verzögerte sich dadurch und ich rückte erst um 2 Uhr Nachmittags in Tannroda ein. Ein armes kleines Städtchen, das nicht in der Lage ist, die Verpflegung für mehr als 1.800 Menschen aufzutreiben und wo sich der Soldat zum ersten Male schlecht befindet. Von dem Bergschlosse herab ist eine köstliche Aussicht gegen Kranichfeld zu in das Tal, welches die Ilm in mancherlei Krümmungen und in verschiedenen Armen durchströmt. Der Besitzer, ein Weimarscher Oberst von Egloffstein, ist jetzt mit dem Kontingent seines Herrn bei der großen Französischen Armee.

Von den Nachrichten über den Sieg, welchen der Kaiser erfochten hat, erwähne ich nichts, weil es ihnen noch an historischer Bestimmtheit mangelt.

Da diese Bogen gerade voll sind, so werde ich sie vermutlich in Rudolstadt auf die Post geben. Ich benutze als nur den noch übrigen Raum, Dich mein liebes Weib meiner wahren Anhänglichkeit und meines Wohlsinns zu versichern, meine Kinder zu umarmen und meinen guten Bruder um die Fortdauer seines Wohllebens zu bitten. Vermutlich ist seine Verbindung nun vollzogen, wozu ich meine herzlichsten Glückwünsche darbringe.

H.W. v.Zeschau

Den 27ten April   Hatte ich vermutet mein Quartier in Rudolstadt zu bekommen, aber mein Marsch wurde nach Saalfeld dirigiert, wohin ich mit 3 Bataillons meiner Brigade zu stehen kam. Es machte einen ganz eigenen Eindruck auf mich, von Rudolstadt aus an der Spitze einer Kolonne denselben Weg zu nehmen, den ich am 10ten Oktober 1806 machte. Alle Bilder jenes traurigen Tages standen mit grellen Farben vor meiner Seele. Ich ritt in der Geschwindigkeit auf alle die Punkte hin, die mir besonders merkwürdig geworden waren, vorzüglich ließ ich das Dorf Krösten nicht unbesucht, aus welchem das 1ste Bataillon König die Franzosen mit dem Bajonett heraus warf. So traurig mir manche Reminiszenz war, so fühlte ich mich doch in dem Bewusstsein glücklich, meine Pflicht im ganzen Umfange des Wortes hier erfüllt zu haben.

Der Tag war sehr warm, der Marsch ermüdend und wir rückten erst um 3 Uhr Nachmittags in Saalfeld ein. Ich hörte, der Prinz Louis Ferdinand sei noch in der Kirche zu sehen; die Neugierde verleitete mich, die Gruft zu besuchen, aber ich fand mich schlecht belohnt. Ohngeachtet er in Spiritus liegt, so ist doch die Verwesung eingetreten, das Gesicht ist nicht im Mindesten mehr kenntlich – die Nase weggefault – ich tat bloß einen Blick auf die Wunde, welche ihm vorzüglich den Tod gab und eilte wieder hinweg.

Den 28ten April   Sollte ich mit meiner Brigade nach Schleiz zu stehen kommen, aber eine Stunde vor dem Abmarsch wurde mir Krispendorf, eine Stunde vor Schleiz, angewiesen und meine Bataillons wurden in die benachbarten Dörfer verlegt. Der Marsch war im Anfange sehr angenehm, denn das Wetter war schön und wir hatten reizende Aussichten in das Saale- und Orla-Tal. Nach Verlauf von einigen Stunden erblickte ich eine alte romantische Burg auf einem isolierten Berg, an dessen Fuß ein Städtchen lag. Ich zog meine Karte zu Rate und überzeugte mich bald, dass es Burg Schein sei. Indem ich so darüber mit Landsberg sprach und meinen Unwillen äußerte, dass nicht mir sondern dem General Lecoq das Los zu teil geworden war, dort ins Quartier zu kommen, erblickte ich auf einmal Breitenbauch, der sich nach dem Weg erkundigt hatte, welchen ich nehmen musste und mir auf selbigem entgegenkam. Diese Überraschung machte mit große Freude. Er ging wohl eine halbe Stunde neben mir her, sah dann meine ganze

Brigade vorbei defilieren, sprach mit verschiedenen seiner Bekannten und dann trennten wir uns.

Wegen des langen Marsches hatte ich mir vorgenommen, gegen Mittag Halt zu machen, die Leute ruhen und die Artilleriepferde füttern lassen. Eben als ich gegen 12 Uhr solches zu bewerkstelligen Willens war, kam der Kammerherr von Erfa /: der Nachbar und engste Jugendfreund von Breitenbauch :/ zu mir geritten und schlug mir vor, dass er mir auf seinem Gebiete einen schicklichen Platz an der Straße dazu anweisen wollte. Ich nahm solches dankbar an und da der Aufmarsch erfolgt und die Mannschaft aus dem Gewehr gegangen war ersuchte er mich nebst einigen Bekannten, die sich in meiner Brigade befanden, ein Frühstück anzunehmen, welches er mitgebracht habe. Unter solchen Umständen ist man nicht blöde, besonders wenn etwas mit so guter Art angeboten wird und der Wirt ein so äußerst feiner artiger Mann ist. Wir ließen es uns also wohlschmecken, schieden dann sehr dankbar und setzten unsern Marsch vergnügt fort. Aber es wurde auf einmal unfreundlich, Wind und Regen erhob sich, die Gegend wurde rauer, man sah nichts als Schwarz – Holz und der Weg ging immer bergauf und bergauf, welches die Batterie sehr aufhielt und den Marsch so verzögerte, dass ich erst um 5 Uhr hier ankam, wo ich auf dem Rittergute recht artig wohne und der Besitzer nebst der Dame vom Hause sehr ängstlich scheinen, einen so vornehmen Mann unter ihrem Dache zu haben. Manchmal peinigt mich das schreckliche Bekomplimentieren, was mir überall wiederfährt – manchmal bin ich mir selbst lächerlich. Der Name des Herrn Wirts ist Dr. Gelden. Beim Souper servierte die beiden Demoiselles Töchter; ein paar höchst alberne Dorfjungfern.

Den 29ten April   Hatte es die ganze Nacht hindurch entsetzlich geregnet und bei meinem Abmarsch früh um 6 Uhr war es noch nicht besser. Um 8 Uhr zog ich durch Schleiz – aber es verdross mich, um mich zu blicken, denn der Regen strömte gerade herab – es stürmte entsetzlich und meine Stimmung war nicht die beste, weil mir durchaus nicht wohl war. Die Wege waren in der Maße verdorben, dass man nichts entsetzlicheres sehen konnte; dennoch musste ich mich geduldig darin ergeben, erst Nachmittgs 5 Uhr nach Syrau bei Plauen ins Quartier zu kommen, wo ich nebst meinen beiden Adjutanten und den Oberstleutnant von Jeschky von Niesemeuschel in das wüste Schloss logiert wurde, wobei mir in aller Hinsicht die Anekdote aus Musäus Straus Feder von dem französischen General einfiel, der unter ähnlichen Umständen im 7jährigen Krieg in einem westfälischen Dorf einquartiert wurde. Ich war so durchnässt und erstarrt, dass ich mich augenblicklich ins Bette legen musste.

Den 30ten April   Rückte ich mit meiner Brigade nach Plauen. Da dies nur ein Marsch von 3 Stunden war, so konnte ich es als Ruhetag betrachten. Ich bekam ein sehr hübsches Quartier im alten Amtshause bei einem Advokaten, dessen Name mir aber entfallen ist und dessen Frau besonders viel Welt hat und die Wirtin sehr artig macht. Abends musste ich beim Prinzen speisen, der sein Hauptquartier auch daselbst hat.

Den 1sten Mai Traten wir am ersten recht schönen Tag unseren Marsch um 6 Uhr an; aber die Wege waren so abscheulich, dass wir jeden Augenblick halt machen mussten, um die Kolonne beisammen zu halten, welches um so schwieriger war, da die ganze 2te Division zusammen marschierte und die dabei befindlichen beiden Batterien viel Aufenthalt verursachten. Wir rückten daher auch erst Nachmittags 4 Uhr in Hof ein, woselbst ich bei einem Arzt gut logiert war. Es lagen 10 Bataillons, 4 Eskadrons und 2 Batterien in dieser nicht sehr beträchtlichen Stadt.

Früh ging die Nachricht von einem kleinen Gefecht ein, welches ein Trupp von unseren Husaren mit den österreichischen Ulanen gehabt hatte. Anfänglich war solches nicht ganz günstig ausgefallen, allein zuletzt war die Sache repariert worden.

Den 2ten Mai Wurde die 2te Division über Schwarzbach, Kirchenlamitz nach Ober-Röbla dirigiert, woselbst sie ihre weitere Bestimmung erfahren sollte. Eine Nachricht, die unter Weges einging, veranlasste, dass die Kavallerie vorging und als ich gegen Kirchenlamitz ankam, erhielt ich – da meine Brigade an der Tete der Infanterie war – den Befehl, mich mehr links auf Marktleuthen und Rauhensteig zu wenden. Hier bekam die Brigade Lecoq die Ordre, nach Wunsiedel zu marschieren, da hingegen die meinige in 5 kleine Dörfer, wie sie im Fichtelgebirge zu sein pflegen, einquartiert wurde. Von jedem Bataillon musste 1 Kompanie biwakieren. Ich stand nur 3 kleine Meilen von Eger in dem Dorf Göfersgrün, noch leidlich genug, mit dem 1sten Bataillon Niesemeuschel. Nebst mir und meinen beiden

Adjutanten lag der ganze Stab auf dem Rittergütchen dessen Besitzer, ein Bauersmann, äußerst ängstlich war, uns gut zu bewirten, solches jedoch mit Hilfe meiner Köchin recht leidlich bewerkstelligte. Es war schon gegen 6 Uhr, als wir anlangten.

Den 3ten Mai Früh um halb 6 Uhr trat ich meinen Marsch bei einem äußerst unfreundlichen, kalten, stürmischen und regnerischen Wetter an, zog meine Brigade vor Wunsiedel zusammen und auf der anderen Seite der Stadt formierte sich die Division. Wir hatten manchen Berg zu ersteigen und die Ober-Pfalz, welche wir betraten , nachdem wir das Dorf Nagel passiert waren, zeigte sich uns nicht von der freundlichsten Seite. Der Charakter der Gegend ist hohes Gebirge, morastige Niederungen und armselige Dörfer. Nachdem wir das Städtchen Kulmain passiert waren, wurde ich mit meinen 5 Bataillons in 4 Dörfer einquartiert. Ich kam mit den 1sten Bataillon Niesemeuschel nach Bruck am Weiher zu stehen. Auf das Rittergut wurde ich mit sämtlichen Offiziers des Bataillons angewiesen und bei meinem Eintritt glaubte ich in Polen zu sein. Ein steinernes Gebäude zwar – aber mit Schindeln gedeckt; kein geschlossener Hof, sondern nur die Grenzlinie des Dunghaufens und des Straßenschmutzes bezeichnete, wie weit sich der Hofraum des Rittergutes erstreckte – den Besitzer nahm ich für den ersten Augenblick für den Vogt oder höchstens für den Verwalter – und die Dame des Hauses für eine Zofe; und gleichwohl war es eine hochreichsgräfliche Familie, von Hirschfeld genannt. Die Frau Gräfin war jung und hübsch, hatte aber das Wasser sehr an sich gespart, denn Hände und Strümpfe schienen lange Zeit hindurch solches entbehrt zu haben. Es war abermals schon 4 Uhr als wir einrückten und ehe es zum Diner kam, verging wenigstens noch eine Stunde. Nach Tisch ging ich, um dem Schwarm auszuweichen, in mein Zimmer – doch die Kälte nötigte mich zu Bette. Das Hauptquartier war in Kemnath. Den folgenden Tag sollten wir auf Grafenwörth marschieren, doch in der Nacht erhielt ich eine neue Ordre, die mich

den 4ten Mai über Kemnath, Pressath nach Weiden dirigierte. Noch immer war die Gegend die wir passierten sehr rau und voll Waldung; endlich gelangten wir nach manchem Hindernis Abends um halb 6 Uhr in Weiden, einem kleinen bayerischen Landstädtchen, an, woselbst das Hauptquartier des Prinzen von Ponte-Corvo war und meine ganze Brigade einquartiert wurde. Mein Unterkommen im Posthause und die Bewirtung war sehr gut. Nach dem Abendessen ging ich noch eine halbe Stunde zum Prinzen, aber meine Müdigkeit war so groß, dass ich mich sehr bald wieder nach Hause verfügte.

Den 5ten Mai Begünstigte uns Witterung und Weg mehr als bisher – die Gegend wurde freundlicher – anmutig wand sich die Naab neben uns im Tale fort – die Dörfer hatten nicht mehr das traurige Ansehen wie im Fichtelgebirge. Wir passierten Pfreimd, ein kleines Landstädtchen, woselbst der Generalleutnant von Polenz mit der Brigade Lecoq einquartiert ist; die meinige befindet sich in 6 Dörfern zwischen Pfreimd und Nabburg. An letztern Orte steht die 1ste Division und das große Hauptquartier. Auf dem Marsch entdeckten meine Seitenpatrouillen im Walde eine kleine österreichische Patrouille, doch konnte sie solche, trotz aller angewandten Mühe, nicht erlangen. Schon um 2 Uhr kamen wir heute ins Quartier. Mein Schicksal führte mich in Neusath wieder zu einem Edelmann, einem Baron von Rödel, der 6 Jahre in Sächsischen Dienst bei dem Regiment seines Stiefonkels, des Generals Block gestanden hatte und über unsere Ankunft erfreut zu sein schien; wer hätte also nicht eine gute Bewirtung erwarten sollen? Es ging aber so karg zu, dass er uns Bier vorsetzte und ich – um ihn zu beschämen, den ganzen Tisch von anwesenden Offiziers mit meinem bei mir habenden Wein bewirtete – aber der Ehrenmann wurde nicht rot. Abends visitierte ich meine Feldwachen und ging dann zeitig zu Bett, weil ich ohnehin oft des Nachts unterbrochen wurde.

Den 6ten Mai Formierte sich die 2te Division ohnweit Nabburg, einem Städtchen, an den Flusse Naab gelegen, welche hier ein angenehmes Tal bildet. Unser Weg ging über einen hohen waldigen Berg und der Weg war äußerst schlecht. Der Prinz von Ponte-Corvo kam auf dem Marsche eilig an meiner Kolonne vorbei, reichte mir, wie gewöhnlich, freundlich die Hand und befahl mir, den Marsch zu beschleunigen. Bei dem Dorfe Altenhofen musste die ganze Division Halt machen und Nachrichten erwarten; nach Verlauf einer Stunde befahl der Generalleutnant von Polenz, dass die beiden Grenadier-Bataillons von meiner Brigade in ihre Nachtquartiere Altenhofen und Jungenstein /: wohin auch ich angewiesen war :/ einrücken könnten, jedoch sollte ich ihm mit den übrigen 3 Bataillons meiner Brigade nach Schwarzenhofen folgen. Es war mir freilich nicht ganz angenehm, bei meinem Quartier vorbeizuziehen und auf die Mittagsmahlzeit Verzicht leisten zu müssen, um so mehr, da es ein rauer, höchst unfreundlicher Tag war - doch ich füge mich schnell und murre nicht, wenn es Erfüllung meiner Plichten betrifft. Wir waren kaum eine halbe Stunde marschiert, so erhielt ich Befehl, auch die bereits eingerückten Grenadier-Bataillone an mich zu ziehen. Wir gingen über Schwarzenhofen hinaus, die Brigade Lecoq und die meinige marschierten auf und lagerten uns; es wurde Holz herbeigeschafft und es hatte allen Anschein zu einem Biwak für diese Nacht. Ich ließ mir also nur geschwind was Lebensmittel holen und fing an mich einzurichten. Der Prinz war indessen mit der ganzen Kavallerie vorgegangen, um zu rekognoszieren. Um 4 Uhr erhielten wir ganz unvermutet die Erlaubnis, in unsere Nachtquartire zu rücken, doch mit der Bemerkung, äußerst vorsichtig zu sein. Ich machte also meinen Weg wieder zurück und zog um 5 Uhr, zwischen den Ruinen einer uralten Burg in ein kleines nettes Landhäuschen bei einem Baron Sauer ein. Der ehrliche Mann besaß ungemein viel Gutmütigkeit – war aber nebst seiner noch en herisson frisierten Gemahlin von echt bayerischem Schlage, d.h. etwas beschränkt in den oberen Gemächern. Ein Warmbier taute die erstarrten Gliedmaßen auf und ein deliziöser Wertheimer erquickte uns bei dem übrigen Teil der Mahlzeit.

Den 7ten Mai Rückte ich mit meiner Brigade, die ich während dem Marsch formierte, weil alle Bataillons in Dörfern längs der Straße lagen, dem erhaltenen Befehl zufolge über Schwarzenhofen bis gegen Neuenburg vor; hier stieß ich wieder mit der Brigade Lecoq zusammen und es wurde abermals ein Halt gemacht und Bataillonsweise hintereinander aufmarschiert. Gegen 12 Uhr kam der Befehl, dass die Brigade Lecoq nebst dem Regiment Niesemeuschel Quartier zwischen hier und Rötz beziehen sollte, woselbst das große Hauptquartier ist; der Generalleutnant von Polenz und ich nebst 2 Grenadier-Bataillons und Oebschelwitz rückten in die Stadt, doch biwakierten 3 Kompanien davon zur Sicherheit gegen den Feind zu. Ich ward bei dem Rentbeamten, Beyer genannt, einquartiert und fand eine äußerst humane und dienstfertige Bewirtung. Seitdem wir im Bayerischen sind ward ich aller Protestation ohngeachtet stets mit dem Prädikat Exzellenz von allen Landbewohnern, sie mögen vornehm oder gering sein, traktiert; überhaupt scheint mir, dass in der Nation ein gewisser Schwachsinn prädominiert.

Den 8ten Mai Marschierten wir über Stamsried, wo sich die Division formierte, bis in die Gegend von Cham. Ich kam mit einem Bataillon Niesemeuschel in ein Dörfchen Namens Bümpfling zu stehen, wo auch der Generalleutnant von Polenz sein Quartier hatte. Unsere Einrückung geschah Nachmittags 4 Uhr. Der Geistliche des Ortes musste mir seine Studierstube räumen, worin Bücher, Papiere und Schriften aller Art, ein paar alte Samthosen und unreine Wäsche im bunten Gemisch lagen. Die Bauart der hiesigen Häuser scheint ganz den Charakter der von Neuholland oder der unbesuchtesten Inseln im Südmeer zu haben; die elenden Hütten, sind nur von Holz und Brettern zusammengeschlagen, die Dächer mit einer Art dicker Schindeln bedeckt, die jedoch nicht angenagelt sondern nur darauf gelegt und mit einer Menge großer schwerer Steine belastet sind, damit sie der Wind nicht fortführt. Die kleinen Fensterchen lassen wenig Tageslicht hinein. In dieser Gegend hatte vor 14 Tagen der Erzherzog Karl die traurigen Reste seiner Armee gesammelt.

Den 9ten Mai Brach ich schon um 4 Uhr auf und marschierte nach Cham, woselbst das Hauptquartier des Prinzen von Ponte-Corvo gewesen war. Von diesem armseligen Städtchen aus marschierte die Division zusammen bis Arfa, einem Dörfchen in dem oberwähnten Geschmack. In eben 30 solchen Häusern ist der Generalstab der 2ten Division nebst mir und 2 Grenadier-Bataillons untergebracht. Ich bin in der Schenke einquartiert. So rau die Tage bisher waren, so sehr drückte uns heute die Wärme; die Gegend wird schöner und das Klima milder, je mehr wir uns der Donau näherten, die wir morgen in Straubing passieren, wo heute das Hauptquartier des Prinzen war. Unsere Einrückung erfolgte Nachmittags 4 Uhr. Bei meiner Ankunft fand ich unerwartet Wilhelm hier, der zurück geblieben war, weil er beim Durchmarsch erfahren hatte, dass ich hier mein Quartier bekommen würde. Er übernachtet also an meiner Seite.

Den 10ten Mai Sendete ich Wilhelm mit meiner Chaise früh um 4 Uhr nach Straubing ab, woselbst sich das Hauptquartier befand und die 1ste Division einquartiert war, welche den Befehl hatte, um 7 Uhr aufzubrechen. Mein Abmarsch erfolgte halb 6 Uhr, die Division versammelte sich um 9 Uhr bei Straubing. Kaum war ich eine Stunde von meinem Marschquartier entfernt, so öffnete sich die Gegend und das reizende Donau-Tal lag vor uns ausgebreitet. Eine Kette von Bergen auf unserer linken Seite erinnerte uns an die lieblichen Gestade der Elbe ohnweit Dresden, mit welchen sie viel Ähnlichkeit haben – ja selbst die Lage einiger Dörfer und kleinere Hölzer versinnbildete unserer geweckten Fantasie Tolkewitz, Laubegast, Leuben pp.

Mit einem seltsamen Gefühl näherte ich mich endlich der Donau selbst, die ohnweit Straubing sich in 2 Arme teilt, mit einem neu angelegten Brückenkopf versehen ist und dort von uns passiert wurde. Bis dahin waren wir von Hof aus nur lauter kleine Landstädte passiert – ich freute mich also Straubing zu sehen – aber die Freude wurde vereitelt, denn man führte uns hinter der Stadt weg. Die Gegend wurde lachender; die blühenden Bäume, die grünen Saaten, der Gesang der Vögel – alles zeigte uns den Eintritt des längst erwarteten Frühlings – aber dagegen litten wir auch von den brennenden Strahlen der Sonne und von dem entsetzlichen Staube, der sich auf der übrigens ganz vortrefflichen, breiten Chaussee erhob. Bei Straßkirchen wurde Halt gemacht und geruht und von dort hatte ich noch 1 ½ Stunden bis in mein Quartier nach Posching, wo ich mit 2 Kompanien vom Grenadier-Bataillon Winkelmann zu stehen kam. So lange wir in der ehemaligen Oberpfalz uns befanden, fanden wir die Bewohner größtenteils dumm und tückisch; hier im eigentlichen Bayern bemerke ich, dass die Menschen gutmütiger sind, etwas mehr Kultur besitzen und eine gebildetere Sprache sprechen; wenigstens ist sie uns verständlicher als in der Oberpfalz wo die häufig unartikulierten Töne uns manchmal glauben ließen, wir befänden uns nicht in Europa. In eben der Maße, wie die Menschen mehr Spuren von einiger Kultur zeigten, sahen wir auch eine verbesserte Bauart und größere, reinlichere Dörfer. Posching, wo ich im Wirtshause ein gutes Unterkommen hatte, liegt äußerst romantisch auf einer kleinen Höhe etwa 400 Schritt vom rechten Ufer der Donau; vom Fuß dieser Höhe führt ein Pfad durch fette, blumige Wiesen dahin. Ich konnte mich nicht entbrechen, gegen Abend im Kühlen dahin zu wandeln, mich ein halbes Stündchen dort nieder zu lassen, den sanft dahin gleitenden Strom, in welchem die letzten Strahlen der untergehenden Sonne sich spiegelten, mit einigem Wohlgefallen zu betrachten und Euer Aller, meine Lieben, zu gedenken.

Den 11ten Mai Entfernte sich unser Weg wiederum etwas von der Donau; wir gingen nach Plattling, einem unbedeutenden Landstädtchen und passierten unweit desselben die Isar; die Hitze wurde bedeutend, zum Glück war unser Marsch aber nicht stark, denn wir rückten schon gegen 12 Uhr in Osterhofen ein. Ohnweit desselben liegt das so genannte Donau-Stift Altenmarkt; hier war der General-leutnant von Polenz nebst seinem Generalstab, mir und meinen Adjutanten einquartiert. Die Damen, welche das Stift ernährt, sind aber nicht allhier sondern in München wohnhaft und die verwitwete Herzogin von Zweibrücken /: die Schwester unseres Königs :/ ist die Pröbstin davon. Das Stift ist ein großes kostbares Gebäude und die Kirche besonders ist vortrefflich – nur mit Schnörkel und

Vergoldung überladen. Das große Hauptquartier langte schon in Passau an.

Den 12ten Mai Marschierten wir um 5 Uhr ab; das Tal verengte sich – der Weg näherte sich bald der Donau und schlängelte sich zwischen dem Ufer derselben und einer Gebirgskette mühsam durch. Als wir das Städtchen Pleinting passiert waren, erhielt ich Befehl, mit meiner Brigade Halt zu machen, um die Bestimmung der Quartiere abzuwarten; wir lagerten uns also auf grünem Rasen nah am Strom, der uns Kühlung zuführte. Nach Verlauf von einer bis anderthalb Stunden setzte ich mit 4 Bataillons meinen Marsch bis Vilshofen fort, wohin ich mit selbigen zu stehen kam, dahin gegen ein Bataillon in Pleinting blieb. Auch hier in erstgedachten Ort, der nur unbedeutend ist und aus einer einzigen langen Gasse besteht, war abermals der Generalleutnant von Polenz und der Generalmajor von Lecoq einquartiert. Mein Quartier in einem Gasthofe gehört nicht zu den vorzüglichsten; wenigstens fand ich daselbst sowie im ganzen Orte eine große Ungefälligkeit gegen uns. Nahe an diesem Städtchen fließt die Vils, woher selbige den Namen hat und ergießt sich hier in die Donau. Die Bauart hat hier etwas ganz eigentümliches; die Front der Häuser ist nämlich wie eine Mauer gerade herauf gebaut ohne dass man etwas vom Dache sieht; letzteres hat einen sanften Abhang nach hinten – oder nach dem Hofe zu, ohngefähr wie im Kleinen solches bei unsern Jahrmarktsbuden der Fall ist.

Den 13ten Mai Hatten wir ganz unerwartet Rasttag, der den wunden Füßen unserer Infanterie, der zerrissenen Schuhen und Kleidungsstücken und zur

Reinigung der Wäsche u.d.gl. notwendig war. Dagegen musste ich

den 14ten Mai früh um 2 Uhr schon aufbrechen; die 1ste Brigade, welche weiter vorwärts lag, musste auf der Chaussee nach Passau gehen, dadurch aber einen Umweg von einigen Stunden machen, dahingegen ich den schlechten, jedoch näheren Weg, näher an der Donau, einzuschlagen befehligt wurde. Im Anfang war solcher sehr beschwerlich, weil er sich hart an der Donau und am Fuß einer Bergkette hinwand, voller tiefer Gleise und mit Steinen von allen Größen bestreut war; wir stolperten also im Finstern dermaßen umher, dass ich genötigt war, mit Anbruch des Tages Halt zu machen und alles wieder zu sammeln. Bald verließen wir nun wieder die Donau, um mehrere steile Berge zu erklimmen; kurz vor Passau nähern wir uns wieder dem Strome und gingen nun am Fuß einer vortrefflich verschanzten Position weg, die mit allen Arten von Kontingentstruppen – sogar mit Bückeburgern besetzt war. Ich zog hierauf mit meiner Brigade durch Passau, wovon ich nur so viel bemerken konnte, dass die Stadt sehr groß ist und in der Bauart mit Vilshofen überein-stimmt. Ich passierte sodann den Inn, der die tadt von der Innstadt trennt und als wir abermals einen steilen Berg erstiegen hatten, der mit einem tüchtigen Verhau versehen war und gleichfalls verschanzt wurde, genossen wir eine Aussicht auf die Stadt, die umliegende Gegend und die Donau, die hier den Inn und die Ilz aufnimmt, wie man sie wenig findet. In der Ferne bemerkte ich einen Park, der unter dem Namen die Plantage bekannt ist und sehr schön zu sein scheint.

Nach Verlauf von einer halben Stunde betraten wir das Österreichische Gebiet und ich ließ die Bataillons die Grenze mit klingendem Spiel passieren. Gegen 11 Uhr rückte ich mit dem 2ten Bataillon von Niesemeuschel in ein kleines, aus drei Bauernhöfen bestehendes Dörfchen Namens Neudorf ein. Der Mangel an Raum nötigte uns größtenteils zu biwakieren; ich selbst ließ mir unter einem Baume eine Blende von Holz gegen die Sonne machen und einige Schütten Stroh nebst Pferdedecken und Mantelsäcken machten meinen und meinen Adjutanten Sitz und Lagerstatt aus. An Lebensmitteln mangelte es sehr und ich sah mich genötigt, meinen eigenen kleinen Vorrat anzugreifen, der ohnehin nicht weit langen wird.

Den 15ten Mai   Wurde abermals um 2 Uhr abmarschiert; der Weg war aber besser, mithin der Marsch minder beschwerlich. Wir folgten der Straße, die nach Linz führt, berührten aber keine Stadt, dagegen genoss ich, nachdem wir einige bedeutende Berge erstiegen hatten, einen noch nie gehabten Anblick; es zeigte sich nämlich auf unserer rechten Seite eine hohe, mit Eis und Schnee bedeckte Gebirgskette, deren Gletscher, von der aufgehenden Sonne bestrahlt, einen herrlichen Glanz verbreiteten; ich erkannte sie für die Steiermärkischen Alpen und fand, bei näher eingegangener Erkundigung, meine Vermutung bestätigt. Am Fuß derselben war die Gegend lachend und fruchtbar.

Gegen 10 Uhr kam ich nach Willibald, woselbst neben mir der Stab und 2 Kompanien von Niesemeuschel einquartiert waren. In dem ganzen Dörfchen befand sich, außer einer Harpyen-ähnlichen einäugigen weiblichen Figur kein einziges menschliches Wesen – alles hatte seine Wohnungen verlassen – überall sah man die Gräuel der Verwüstung; ich ritt mit meinem Gefolge zur Pfarrwohnung, wo ich zwar einige Menschen fand, doch auch der Geistliche war geflüchtet und in den Zimmern die schrecklichste Verwirrung. Das solche hier jedoch mehr absichtlich bewerkstelligt war, um uns abzuschrekken, bemerkte ich sehr bald, weil ich nichts zertrümmert fand. Ich ließ also das Stroh und andere Unsauberkeiten heraus schaffen und fand kurzum mich recht artig logiert; freilich mangelte es an allen Lebensmitteln und ich musste, um etwas zu bekommen, weit und breit aussenden, wir wurden indessen satt. Aus großer Müdigkeit warf ich mich in eine ganz leere hölzerne Bettstelle, legte meinen Mantelsack untern Kopf und schlief einige Stunden außerordentlich sanft.

Den 16ten Mai   Abermals ein Rasttag, wovon ich mir die Ursachen noch nicht zu entziffern weiß. Späterhin kam der Befehl, den folgenden Tag eine Revue anzustellen, woraus also zu folgern war, dass wir noch einen Tag stehen bleiben würden, doch in der Nacht änderte sich solches ab, und es war angeordnet

den 17ten Mai   früh um 2 Uhr aufzubrechen und gegen Efferdingen zu marschieren; noch eine Zeit lang blieben uns die Steiermärkischen Schneegebirge zur Seite während wir in der fruchtbarsten, anmutigsten Gegend, die mit unserem Gebirge viel Ähnliches haben, fortwandelten. Um halb 10 Uhr traf ich bei Efferding ein, doch fand ich noch keinen weiteren Befehl – ich machte also Halt, ließ die Leute ruhen und nach Verlauf von drittehalb Stunden erhielt ich die Anweisung mit 4

Bataillons in die Stadt zu rücken und die übrigen auf die nahen Dörfer zu verlegen. Ich fand ein freundliches hübsches Städtchen und mein Quartier äußerst prächtig im Schlosse, welches dem Fürsten Stehremberg /: Schwiegervater des Österreichischen Gesandten, Grafen Lychy :/ gehört. Drei Zimmer en plein pri, alle parkettiert, mit Damast tapeziert, alles darin im elegantesten Stil, waren mir angewiesen und mein Diner war mit den Zimmern übereinstimmend. Kaum war der Kaffee eingenommen, also ohngefähr halb 5 Uhr, so hörten wir eine heftige Kanonade in ziemlich weiter Entfernung, doch erwartete ich schon, dass ich marschieren müsse. Um halb 7 Uhr kam ein Adjutant der Generalleutnant von Polenz und brachte mir die Ordre, sofort aufzubrechen und nach Linz zu marschieren; in weniger als einer Viertelstunde war ich mit meinen 4 Bataillons im Marsch und zog das 5te unter Weges an mich. Die Stimmung der Leute war so gut, dass, als ich ziemlich lebhaft an meiner Brigade einige Male auf und ab ritt und ein heiteres Gesicht zeigte, das Grenadier-Bataillon Winkelmann, welches sonst nicht zu meinen Schoßkindern gehört, zurief:

Es lebe unser General!

Der Marsch ging mit einer bewundernswürdigen Geschwindigkeit. Als es dunkel wurde, hörte das Kanonieren auf. Unser Weg führte uns nun wieder hart an die Donau, deren Bette hier durch Felsen sehr eingeengt war und wo besonders die ungeheuren Granitmassen am rechten Ufer, die sich höchst sonderbar gruppieren, einen imponierenden Eindruck machen. Durch die Dunkelheit der Nacht verloren wir freilich viel von den Naturschönheiten. Gleich nach 12 Uhr kam ich an den Tor von Linz an und hatte also 3 Postmeilen in weniger als 5 Stunden zurückgelegt. Bei meiner Ankunft erhielt ich den Befehl, auf dem Wege, wo ich mich befand, hart an der Donau, mit dem rechten Flügel an der Stadt, zu biwakieren. Die Leute waren so erschöpft von den 15 Stunden, die sie seit früh 2 Uhr zurückgelegt hatten, dass sie wie tot hinfielen und schliefen, ohngeachtet ein sehr raues Lüftchen vom Strome her anwehte. Ich selbst fand kein anderes Plätzchen als auf den Stufen einer steinernen Treppe, wo eine Pferdedecke mir zur Unterlage und der Mantelsack zum Kopfkissen diente. Zwei Stunden schlief ich sehr sanft, gegen Morgen weckte mich aber die Kühlung.

In Ansehung der Affaire habe ich folgendes in Erfahrung gebracht. Der österreichische General Kollowrath mochte vernommen haben, dass ein bedeutender Teil der hier gestandenen französischen Truppen ab- und zur Armee des Kaisers marschiert war; er wollte also diese Gelegenheit benutzen und den Übergang über die Donau forcieren, weil bloß der General Vandamme mit den Württembergern hier stand; der Angriff sollte also in 2 Kolonnen von zwei verschiedenen Seiten geschehen und auf den Brückenkopf dirigiert werden; zum Glück kam aber die 2te Kolonne um 2 Stunden zu spät. Das Gefecht engagierte sich zuerst mit den Württembergern und ohngeachtet sie das Feld behaupteten, so verloren sie doch viel Leute; in der Zwischenzeit rückte unsere 1ste Division, die hierher ins Quartier bestimmt war und den Tag zuvor in Efferdingen gelegen hatte, an; verschiedene Bataillons, namentlich Dyherrn, kamen zum Gefecht und hielten sich brav; die Österreicher, die man auf 20.000 Mann angibt, wurden geworfen, es wurden 800 Gefangene gemacht und 6 Kanonen erobert. Das sächsische Korps hat ohngefähr 6 Tote und einige 20 Blessierte.

Den 18ten Mai Wurden unsere Truppen in verschiedene Stellungen postiert, woselbst sie Baracken erbauen mussten. Um Mittag befahl mir der Prinz in die Stadt zu rücken, zwei Bataillons einquartieren zu lassen; die anderen zwei aber, die noch übrig waren, nachdem ich auf dem Anmarsch das Bataillon Oebschelwitz mit 2 Kanonen bei Alkoven, 2 Stunden von hier, hatte stehen lassen müssen, rückten denselben Befehl zu Folge in ein Hüttenlager ¼ Stunde von hier an der Straße nach Enns. So schön die Stadt gebaut ist, da man fast ganz den italienischen Geschmack nachahmt, so bin ich doch schlecht logiert. Gestern Abend wurde ich von General Vandamme eingeladen, weil das Regiment Niesemeu-schel in Schlesien unter ihm gestanden hat. Ich musste 8 Offiziers zum Essen und die Musik des Regiments mitbringen. Er ist ein äußerst lebhafter Mann, von vielen Überblick und Penetration. Er spricht sehr schnell und drückt sich vorzüglich aus – aber seine Äußerungen gegen zwei gefangene österreichische Obersten, die ebenfalls bei ihm speisten, haben mir sehr missfallen – er schien es darauf anzulegen, sie zu reizen und zu beleidigen. Die Division des Generals Dupas rückte Nachmittags allhier ein.

Den 19ten Mai War die Stellung der sächsischen Truppen wie folgt:

Am linken Ufer der Donau

| 1 Schützen-Bataillon v.Metzsch | Kloster |
| 250 Grenadiere | Pöstlingsberg |

Brigade v.Boxberg, biwakiert in 3 Treffen an Fuße des Bergs, links der Straße nach Kromnau

Brigade v.Lecoq, mit dem rechten Flügel an der Donau und breitet sich hinter Boxberg aus

Am rechten Ufer der Donau

Brigade v.Zeschau, 2 Batl. in Linz, 2 Batl. auf der Straße nach Enns, 1 Batl. auf der Straße nach Efferding bei Alkoven

Brigade v.Hartitzsch auf der Straße nach Wels.

Generalmajor v.Gutschmidt mit dem Avant-Korps bei Gallneukirchen auf der Straße nach Freistadt.

Den 20ten Mai Ging die Nachricht von einem Gefecht ein, welches sich in der vergangenen Nacht bei dem Avant-Korps des Generalmajors v.Gutschmidt ereignet hatte; dasselbe war ganz zu unserem Vorteil ausgefallen, doch nicht ohne Verlust an Mannschaft.

Früh sehr zeitig besuchte ich meine im Lager stehenden 2 Bataillons – dann ritt ich aufs linke Donauufer, um mir die dortige Position zu besehen. Nachmittags hielt ich Revue über die 2 Bataillons Niesemeuschel und Abends hatte ich durch physikalische Experiment, besonders im Fache der Elektrizität, bei einem Welt-Geistlichen, welcher an einem hiesigen Seminaris Professor der Naturlehre ist, eine sehr angenehme Unterhaltung. Einen so vortrefflichen Apparat, mit so viel Eleganz ausgeziert und eine solche Präzision bei allen Experimenten hatte ich zuvor noch nie gesehen. Dieser Mann, Namens Höfel, besitzt ungemeinen Scharfsinn und treibt seine Wissenschaft im höchsten Grad con amore.

Den 21ten Mai   Blieb ich noch in Linz stehen und besuchte früh den Pöstlingsberg, welches ein bedeutender Posten ist.

Den 22ten Mai   Brach das ganze Korps auf und alles ging auf das linke Donauufer über. Wir marschierten ohngefähr eine Stunde bis gegen Katzbach auf der Straße nach Freistadt; auf einmal erhielten wir den Befehl, Halt zu machen und aufzumarschieren; wir standen einige Stunden auf diese Art als eine Nachricht anlangte, dass feindliche Kolonnen sich von der Seite des Bergschlosses Pöstlingsberg sehen ließen. Meine Brigade, von der ich schon ein Grenadier-Bataillon zur Division Dupas abgegeben hatte, erhielt also Befehl, sich am Fuß des gedachten Berges zu postieren; ich musste noch 2 Bataillons zu Besetzung des Bergschlosses absenden, endlich wurde der General Lecoq heraufgeschickt, um das Kommando zu übernehmen und mir wurde seine in der Nähe stehende Brigade zugleich übertragen, so dass nun 8 Bataillons unter mir standen. Gegen Abend entwickelte es sich, das die österreichischen Kolonnen-Toten, nur in der exaltierten Fantasie einiger Leute bestanden hatten; ich bekam Befehl, Baracken machen zu lassen und richtete mich mit meinen Adjutanten ebenfalls in einer solchen Brettbude ein. Es ist nicht zu leugnen, dass diese Art zu kampieren große Vorzüge für die Gesundheit des Soldaten hat, aber beklagenswert ist die Gegend, wo dergleichen Läger erbaut werden, denn es kann gewöhnlich nur auf Kosten der nahen Häuser geschehen, die gänzlich zerstört werden, wenn man auch noch so schonend dabei verfährt.

Den 23ten Mai Blieben wir in unserer Stellung ruhig, wiewohl einige kleine Veränderungen mit den Bataillons vorgingen.

Den 24ten Mai Als ich mich eben zu Tisch gesetzt hatte, ließ mir der Prinz von Ponte-Corvo andeuten, mich schleunigst auf den Pöstlingsberg zu begeben, um den General Lecoq abzulösen. Ich fand alles äußerst beschäftigt, dieses Schloss oder ehemalige Kloster zu befestigen; 2 Bataillons waren vorwärts auf der Straße nach Hellmonsödt detachiert und 4 andere biwakierten am Hange des Berges; denselben Abend wurden noch 2 Bataillons vorwärts geschickt, 2 andere aber nebst einer Kompanie französische Voltigeurs , eine Kompanie Württemberger Jäger, eine Kompanie Württemberger Grenadiers ins Innere gezogen und sämtlich in die Kirche logiert. Von der Zinne des Tempels herab, wo ich mich befinde, genieße ich eine Aussicht auf die Donau, auf Linz, auf die herrlichen Berge und Täler und endlich auf die verschiedenen Hüttenläger, wie sie vielleicht nicht zum zweiten Male existiert; nur Schade, dass ich in den gegenwärtigen Augenblicken nicht Sinn dafür habe und mehr dahin blicken muss, wo der Feind herkommen kann, denn dieser Posten ist von der äußersten Wichtigkeit und muss den Instruktionen zufolge bis auf den letzten Mann verteidigt werden. Der Feind steht 2 Stunden von mir entfernt und unsere Patrouillen stoßen täglich auf einander.

Den 25ten Mai   Nach einer ganz durchwachten Nacht, in der mir die feindlichen Wachtfeuer so wie die unsrigen ein schönes Schauspiel gaben, hatte ich zwar das Vergnügen den Prinzen hier zu sehen aber auch die Unannehmlichkeit, mit einer Menge Schwierigkeiten zu kämpfen, die hier aufzustellen zu weitläufig sein würde; kurz ich machte im Kleinen die Erfahrung, dass das Los eines Festungs-Kommandanten nicht das glücklichste ist. Mein Essen muss ich mir 1 Stunde von hier in Linz holen lassen. Meinen Wagen darf ich nicht bei mir haben, ich muss folglich manches entbehren – und ich habe den sehnlichen Wunsch, bald wieder in die Linie zurück kehren zu dürfen, wenn es nämlich mit meiner Ehre bestehen kann.

Den 28ten Mai   Hörten wir auf einmal mehrere Kanonenschüsse und Kleingewehr-Salven – alles trat unter die Waffen, endlich erhielt ich die Meldung von meinen Vorposten, es sei ein österreichischer Offizier mit einem Trompeter an die Chaine gekommen mit dem Auftrag vom General Kollowrath, den diesseitig kommandierenden General zu benachrichtigen, dass das Feuern, welches wir hörten, nichts anderes sei, als ein Victoria-Schießen. Abends kam der Oberst von Steindel zu mir und überbrachte mir eine Ordre, dass er mich ablösen solle – ward aber, indem ich beschäftigt war, ihm zu übergeben, durch einen Adjoint des Generalstabes zurück geholt; ich ergab mich also in mein Schicksal und sah den Pöstlingsberg als mein Thermophylen an, wo ich das Schicksal des Leonidas haben würde, weil meine Instruktion besagte, mich bis auf den letzten Mann zu verteidigen.

Den 29ten Mai Da ich mich eben, nach einer meist ganz durchwachten Nacht, wieder etwas gesäubert und durch Wasser und frische Wäsche mich erquickt hatte, nun aber bei der aufgehenden Sonne mich auch geistig durch einen Blick in die schöne Natur und auf die Steierischen Alpen stärkte, kam Steindel wieder, löste mich nun wirklich ab und ich musste mich nach Urfa, einer Vorstadt von Linz am linken Donauufer, verfügen und das Kommando der Verschanzungen übernehmen, die zu Deckung der Brücke angelegt sind; es wurden also das Bataillon Garde, 2 Bataillons Prinz Maximilian und das 1ste Bataillon Cerrini an meine Befehle verwiesen und mir provisorisch als Brigade zugeteilt, auch das Grenadier-Bataillon Winkelmann, wiewohl es detachiert ist, mir noch gelassen – meine bisherige Brigade aber, so wie es auch den übrigen ging, meist auseinander gerissen. Der Prinz hat gegenwärtig sein Hauptquartier in Urfa – wir sind seit 5 Tagen täglich um 3 Uhr im Gewehr bis um 6 Uhr, wenn die Patrouillen zurück sind. Es wird noch stark an Verschanzungen gearbeitet und ich habe den unangenehmen Auftrag in dieser Hinsicht, mehrere Häuser niederreißen zu lassen.

Den 29ten Mai Ging alles in dem vorherigen Train. Ich war, wie in den vorigen Tagen um 3 Uhr früh auf dem Pferde, um alle meine Posten zu visitieren und hatte auch den übrigen Teil des Tages wenig Ruhe. Ich war also entsetzlich ermüdet als ich mich um 10 Uhr, unausgekleidet, wie gewöhnlich, auf mein Lager warf.

Den 30ten Mai Früh halb 1 Uhr hörte ich auf einmal meinen Namen unter meinem Fenster rufen – ich sprang eilig auf, sah hinaus und erblickte den Prinzen von Ponte-Corvo mit seiner ganzen Suite. Er erzählte mir eilig, dass er mir eine gute Nachricht brächte – *„der Vizekönig von Italien sei bei Wien mit 60.000 Mann eigetroffen, um den Kaiser Napoleon zu verstärken – habe unter Weges den österreichischen General Jellachich geschlagen und 25.000 Mann Gefangene gemacht – der Erzherzog Johann sei mit 10.000 Mann nach Ungarn geflüchtet. Dies Ereignis müsse den Truppen baldigst bekannt gemacht werden."* Nachdem er dies erzählt hatte, ritt er wieder fort. Bald darauf bekam ich den Tagesbefehl, der solches enthielt, schriftlich – mit der Anweisung, es früh 4 Uhr den Truppen vorlesen zu lassen. Um 10 Uhr trat alles unters Gewehr und wurde eine Infanteriesalve gegeben, welche von 100 Kanonenschüssen begleitet wurde. Ich frühstückte hierauf beim Prinzen.

Den 31ten Mai   Früh wurde uns bekannt gemacht, dass wir durch Bayerische Truppenabgelöst werden würden; die Ablösung erfolgte in den Nachmittagsstunden; eine Brigade nach der andern zog ab – nur ich musste am längsten warten, denn der bayerische Generalmajor Graf Minucci kam erst nach 7 Uhr mit seinen Truppen an. Gegen 8 Uhr ging ich also mit den Regimentern Prinz Maximilian und Cerrini über die Donau zurück und folgte den übrigen auf der Straße nach Enns, passierte in der Nacht die Traun, welche ich mir bei weitem nicht so groß und so reißend gedacht hatte – kam dann durch das völlig eingeäscherte Städtchen Ebersberg, wo die Österreicher und Franzosen sich jeden Fußbreit Erde in den Gassen streitig gemacht und wütend gefochten hatten, daher auch endlich der

Ort angezündet worden. Die blassen Strahlen des Mondes beleuchteten die Ruinen dieses ehemals blühenden Städtchens – kein lebendes Wesen atmete mehr darin – und Geruch vom Brande und von Leichen war durch die Gassen verbreitet; in allen Mauern sah man Kugeln ohne Zahl, von allen Gattungen.

Den 1sten Juni Um halb 1 Uhr früh kam ich endlich in der Nähe von Enns an, wo ich alle Truppen unter dem größten aller Zelte – dem schönen blauen Himmel, schon die Ruhe genießend, fand. Die Regimenter, welche ich mitbrachte wurden ebenfalls platziert und da die Brigaden wieder in ihrer vorigen Ordnung formiert worden waren, so verfügte ich mich auch zu den Meinigen und nahm beim Regiment Niesemeuschel auf einem Bund Stroh an einem Wachtfeuer meinen Platz und mein Mantelsack diente mir zum Kopfkissen. Sehr vergnügt der Sorgen entledigt zu sein, die mit meinen beiden Kommandantschaften, sowohl auf dem Fort Pöstlingsberg als in dem Brückenkopf von Urfa, verknüpft gewesen waren, schlief ich so sanft und ruhig als dies seit 8 Tagen nicht mehr der Fall gewesen war. Um 6 Uhr sollten wir abmarschieren, der Abmarsch verzögerte sich aber durch eingegangene Nachrichten um einige Stunden. Die Württemberger waren nämlich schon vor uns nach Wien zu abgegangen und es waren von uns die Posten abgelöst worden, welche sie zeither besetzt hatten; es war daher auch das Grenadier-Bataillon Hake und der Major Lehmann mit 2 Eskadrons Karabiniers nach Enns detachiert worden, von wo es gestern nach Amstetten gerückt war. Der dasige französische Platzkommandant sollte ihnen versichert haben, sie ständen hier völlig ruhig und brauchten ihre ohnehin ermüdete Mannschaft nicht durch Aussetzung von Feldwachen fatigieren. Etwa 400 Österreicher waren aber in der Nacht über die Donau gesetzt und überfielen sie im Schlafe. Ein auf dem Markt stehendes Piket war auch nicht sogar munter gewesen – indessen war auf das Schießen der in der Nähe befindlich gewesene Premierleutnant von Seydlitz vom Karabinier-Regiment mit seiner Mannschaft herbeigeeilt, den Österreichern in den Rücken gefallen und hatte dadurch dem Grenadier-Bataillon sowie den beiden Eskadrons etwas Luft gemacht, die nun mit unendlicher Bravour den Feind wieder geworfen hatten. Der Major Lehmann ist schwerverwundet, der Leutnant Gärtner vom Bataillon Hake an seinen Wunden gestorben und außerdem hat letztgedachtes Bataillon 8 Tote und 11 Blessierte; der Verlust der Karabiniers ist mir nicht bekannt.

Unter diesen Umständen wurden also, bei Fortsetzung unseres Marsches, mehrere Vorsichtsmaßregeln genommen; ich musste zu Deckung der Equipage und des Artillerie-Parks ein Bataillon von meiner Brigade geben, unter Weges auf 2 Stunden von Enns noch ein Bataillon stehen lassen und endlich noch 2 Stunden weiter mit dem letzten Bataillon selbst Posten fassen und auf diese Art den ganzen Marsch decken. Nachdem nun alles vorbei defiliert war, kam der Prinz zu mir, besah sich meine Stellung und befahl mir, das zurück gelassene 2te Bataillon Niesemeuschel an mich zu ziehen – dann nach Ord zu rücken, wo auch Oebschelwitz wieder zu mir stoßen und das noch am Pöstlingsberg gestandene

Grenadier-Bataillon Radeloff sich mit mir vereinigen würde – daselbst mir passende Position zu nehmen, die Nacht allda au bivouac zu bleiben und auf diese Art das bis Amstetten vorgerückte Korps zu decken. Ich kam nach 8 Uhr Abends an – und befolgte alles aufs Beste; Oebschelwitz kam in der Nacht – und nachdem ich alle Sicherheitsanstalten getroffen hatte, legte ich mich auf meinen Fouragewagen schlafen.

Den 2ten Juni   Als soeben das Grenadier-Bataillon Radeloff anlangte meldeten meine Feldwachen, dass sich österreichische Patrouillen in meiner linken Flanke sehen ließen; ich sendete sogleich einen Offizier mit einem starken Detachement und einen anderen zu seiner Unterstützung mit einem ähnlichen Kommando ab, um den Feind zu rekognoszieren – dieser, der aber nicht stark war, nahm bald die Flucht und es war nicht möglich, ihn zu erreichen. Es wurden nur noch die nächsten Dörfer abpatrouilliert und da ich völlig gesichert war, setzte ich mich um halb 7 Uhr mit meiner Brigade im Marsch, um zum Korps zu stoßen, dessen Sicherstellung ich die ganze Nacht besorgt hatte und langte um 10 Uhr bei Amstetten an, wo dasselbe biwakierte. Das Korps sollte Nachmittag aufbrechen und ich war bestimmt, abermals mit meiner Brigade die Arrieregarde zu machen und erst am anderen Morgen zu folgen. Der Plan änderte sich aber plötzlich; es blieb alles bis gegen 11 Uhr stehen, dann erfolgte der Aufbruch zugleich – wir rückten 2 Stunden über Amstetten hinaus; ein entsetzliches Regenwetter ereilte uns – wir machten halt, biwakierten an der Straße bis

den 3ten Juni   5 Uhr früh und setzten dann unsern Marsch bis gegen Pöchlarn fort, wo unsere Stellung dergestalt genommen wurde, dass ich mich mit meiner Brigade in der linken Flanke befand und das Donau-Ufer zu beobachten hatte. Eine Kompanie wurde nach Seisenstein, 2 Stunden von mir, auf meinen linken Flügel detachiert. Ich nahm für meine Person und mein Gefolge den Platz in einem Hohlweg ein, der zwischen meiner Brigade durchging, ließ mir an dort befindlichen Bergkellern unter schattigen Linden eine Hütte bauen und brachte den Tag größtenteils schlafend – die Nacht aber meist wachend zu, indem mein Augenmerk immer auf das jenseitige Donau-Ufer gerichtet war.

Den 4ten Juni   Früh um 2 Uhr setzten wir uns sämtlich in Marsch; die drei ersten Brigaden nebst der Kavallerie marschierten nach St. Pölten; mir aber wurde meine Bestimmung auf den Höhen von Melk gegeben und zugleich wurden die beiden Eskadrons Garde du Corps, welche auf dem Marsch schon zu mir stießen und auch bei Melk bei mir verbleiben, an meine Befehle gewiesen. Ich habe hier besonders den Übergang der Österreicher zu verhindern, die, so wie mein Posten hart an der Donau stehen. Bei Besetzung einer Insel, welche ich in meiner Gewalt zu haben, für nötig hielt, taten sie einige Flintenschüsse herüber, jedoch ohne Wirkung. Ich stehe mit meinem kleinen Korps 4 Stunden vom Hauptquartier St. Pölten entfernt und bin nur durch Patrouillen mit der mir zur Rechten stehenden Division Dupas in Verbindung. Der General Dupas befindet sich in Hof-Arnsdorf, der General Veaux in Göttrich, der nächste Posten dieser Division ist Agispach.

Ohngeachtet ich alle Nächte in einer Strohschütte im Lager zuzubringen gedenke, so ist doch mein Quartier, woselbst ich mich auch den Tag über aufhalten werde, in der berühmtem Benediktiner-Abtei zu Melk. Kein mir bekanntes Schloss gleicht in Pracht und Größe dieser Abtei, die nahe am Städtchen auf einem Felsen hart an der Donau liegt, der sich aber nach der Straße von St. Pölten zu sanft verläuft und ohngefähr 1.500 Schritt von meinem Lager entfernt ist. Die Kirche ist mit ihrer prächtigen Kuppel ein Meisterstück der Baukunst und des guten Geschmacks ohngeachtet sehr viel Vergoldung darin stattfindet; das Innere derselben ist durchgängig Marmor. Die Kaiserl. Österreichische Familie pflegt jedes Jahr einige Tage hier zuzubringen und ich logiere in deren kostbaren Zimmern. Diese Abtei, die sonst außerordentlich reich war, ist jedoch gewaltig mitgenommen und der Prinz von Ponte-Corvo hat den ehrwürdigen Vätern versichert, er gäbe ihnen an mir gegenwärtig einen General, der keine unbilligen Forderungen machte und mit welchem sie zufrieden sein würden; mir hingegen hat er empfehlen lassen alles zu tun, was zu ihrer Wiederherstellung dienen könnte. Bei allem was sie gelitten haben, sind dennoch alle französischen Verpflegungsbranchen und das Lazarett in der Abtei und mir unterhalten sie täglich 18 Courant – freilich nicht so ganz splendid und nur mit österreichischen Wein. Ein Pater Namens Pallas hat die Besorgnis aller ökonomischen Angelegenheiten und ist ein liebenswürdiger Mann. Von einer Galerie herab, die an den kostbaren Speisesaal stößt, die Donau mit allen ihren Inseln auf der einen Seite und die fetten Kornfelder auf der anderen zu sehen – ist ein Anblick, der bezaubert. Blickt man aber in den Hof und sieht die Kranken und Verstümmelten – bemerkt man in der Nähe und Ferne die zerstörten und abgebrannten Häuser – dann jammert einen des Elends.

Den 5ten Juni   Ward von Pöchlarn, woselbst ich eine halbe Kompanie hatte stehen lassen, gemeldet: Man bemerke am jenseitigen Ufer viel Bewegung unter den Österreichern, es würde an einem Floß, wie es schien, gebaut – auch wären zwei Kanonen daselbst angekommen. Bald darauf erhielt ich vom General-Kommando den Befehl, die Kompanie, welche sich in Seisensein und Pöchlarn befände, wieder an mich zu ziehen. Dagegen musste ich auf 4 Stunden weit, auf der Straße nach Burgstall und Gresten, 1 Kompanie Infanterie und 10 Mann Kavallerie nach Mank und 25 Mann Kavallerie nach Wieselburg detachieren. Den heutigen Tag benutzte ich dazu, dem Prior, einen sehr würdigen Greis, meinen Besuch zu machen und die Bibliothek zu besehen, die zwar nicht groß aber sehr gut gewählt und vortrefflich dekoriert ist.

Den 6ten Juni   Erhielt ich die Ordre, mich mit meinem Korps zum Abmarsch in Bereitschaft zu setzen, in dem ich durch Truppen des Generals Vandamme abgelöst werden würde. Gewohnt, nie lange in einer erträglichen Lage zu bleiben, fügte ich mich in die Umstände, aber meine ehrlichen Paters waren sehr missvergnügt darüber, weil ich mich bei ihnen, sowohl durch meine geringen Ansprüche als auch durch die Disziplin in meinem Korps, sehr empfohlen hatte.

Den 7ten Juni Früh um halb 8 Uhr kam ein württembergisches leichtes Bataillon an, um meine Vorposten abzulösen; da ich nun den Befehl hatte, bloß dieses abzuwarten und nach erfolgter Ablösung derselben aufzubrechen, so konnte ich mich halb 12 Uhr in Marsch[4] setzen. Meiner Ordre gemäß dirigierte ich mich gegen das Hauptquartier St. Pölten, passierte um 4 Uhr dort das Lager der anderen Brigaden und ein Offizier vom Generalstab kam mir entgegen, um mir meinen Lagerplatz, eine Stunde von St. Pölten gegen St. Georgen auf der Straße nach Tirol anzuweisen. Nach der Einrückung nahm ich mein Quartier in Spreitzing, einem hart an meinem linken Flügel gelegenen Dorf, woselbst ich das letzte Haus, eine elende Hütte, bewohne und wie gewöhnlich mein Lager auf Stroh habe, denn von meiner Matratze habe ich mich längt trennen müssen.

Den 8ten Juni Besuchte ich Wilhelm, der in St. Pölten steht und sich dort äußerst wohl befindet.

Den 9ten Juni Da ich du jour in der Armee war, fuhr ich nach St. Pölten, um mich zu melden, zugleich aber um ein mir übertragenes Geschäft beim Regiment König abzutun. Ich war schon Tages zuvor zu den Wirtsleuten des Major Planitz, woselbst neben vielen Offiziers sich auch Wilhelm im Quartier befindet, eingeladen worden, fand eine sehr gute Aufnahme und reichlich besetzten Tisch. Ich ritt zeitig wieder heraus,

---

[4] Anmerkung: Die Hitze war fast unerträglich und der Marsch, durch den üblen Geruch von verscharrten Menschen und Pferden, den man überhaupt von Linz bis Wien auszustehen hat, um so beschwerlicher.

weil ähnliche Geschäfte bei anderen Bataillons meiner warteten, ließ aber meinen Wagen zurück, um Wilhelm mit eingekauften Lebensmitteln nachzubringen. Den Abend brachten wir fröhlich an einem kleinen Kaminfeuer in meinem Bauernstübchen zu, welches uns um so behaglicher war, da es den ganzen Tag und die vergangene Nacht geregnet hatte – und ich erinnerte mich der frohen Tage meiner Kindheit.

Den 10ten Juni   War der ganze Vormittag für mich mit Bearbeitung der neuen Formierung verstrichen, in der aus jedem Regiment nur ein Bataillon gebildet und ein Teil der Offiziers zu einer Organisierung neuer Truppen zurück geschickt wird. Mir war also übertragen diese Formierung von den Regimentern König und Niesemeuschel sowie von den beiden zusammen stoßenden Bataillons Oebschelwitz und Dyherrn, welche von nun an meine Brigade ausmachen, zu veranstalten. Das Regenwetter hielt mich dazu den ganzen Tag ab, in mein Lager zu gehen – gegen Abend, da es ein wenig aufhörte, ließ ich mir aber ein Pferd satteln, um die Truppen doch wenigstens noch zu besuchen. Ich war noch nicht 100 Schritt geritten, da glitschte mein Pferd aus und versank mit dem linken Vorderfuß in ein ellentiefes Loch – es raffte sich zwar wieder auf und kam heraus – glitschte in denselben Augenblick nochmals aus und fiel auf die rechte Seite und lag auf mir – doch sprang es auch hier gleich wieder auf – indessen hatte ich eine nicht unbedeutende Verletzung im Fußgelenk bekommen und konnte nur mit Mühe, von zwei Menschen geführt, mein Quartier erreichen, wo ich mich augenblicklich legen musste. Die Nacht hindurch hatte ich viel Schmerzen, doch minderten sich solche.

Den 11ten Juni   Früh nur etwas. Zu Mittag lag ich noch auf meinem Lager, ohngeachtet ich den ganzen Vormittag tätig gewesen war, als auf einmal die Ordre anlangte, dass die 1ste Division, zu der ich nunmehr gehöre, marschieren sollte, jedoch zugleich erst die neue Formierung zu bewerkstelligen sei. Ich stand auf – es ging; ich setzte mich mit einem Pantoffel am lahmen Fuß zu Pferde –es ging auch und so trat ich denn um 4 Uhr meinen Marsch an, formierte noch bei St. Pölten das Bataillon Klengel, welches aus Oebschelwitz und Dyherrn bestand, holte auf dem Marsch noch die Brigade Hartitzsch ein und rückte mit dieser zugleich in eine Position bei Pörschling, einer Poststation auf der Straße nach Wien. Ich trug jedoch Bedenken, die Nacht unter freiem Himmel zuzubringen und nahm also das erste Haus in Pörschling ein, unmittelbar am Biwak. Es war verlasen und zerstört wie alle Dörfer an der Straße es hier gegenwärtig sind – doch war ein Obdach bei den kühlen Nächten und ein reines Strohlager mir sehr wohltätig. Ich nahm den Major Boblick, der krank war und Wilhelm, der Appetit zu haben schien, mit zu mir ins Quartier; gegen 1 Uhr hatte meine Köchin zu einem kleinen mageren Souper Anstalt gemacht; indessen schmeckte es allen vortrefflich und ich schlief recht sanft.

Die Einteilung des sächsischen Korps ist seit heute folgendermaßen:

1ste Division

G.M. v.Hartitzsch		3.080 Mann
1 Bataillon Garde		600 Mann
1 Gren. Bat. Radeloff		620 Mann
1 Gren, Bat. Bose		620 Mann
1 Gren. Bat. Winkelmann		620 Mann
1 Gren. Bat. Hake		620 Mann
G.M. v.Zeschau		3.078 Mann
1 Bataillon	König	1.030 Mann
1	Niesemeusch.	1.029 Mann
1	Klengel	1.019 Mann

2te Division

G.M. v.Lecoq		
1 Bataillon	Prinz Clemens	
1	Cerrini	die Stärke wie bei der
1	Low	Brigade Zeschau
Oberst v.Steindel		
1 Bataillon	Prinz Anton	
1	Prinz Max	desgl.
1	Prinz Friedrich	

Den 12ten Juni Blieb die Division nebst dem Regiment Prinz Johann in dieser Stellung stehen. Der Prinz von Ponte-Corvo kam von Wien zurück und verfügte sich nach St. Pölten, wo für jetzt noch das Hauptquartier verblieb.

Ich veränderte mein Quartier und bezog ein Haus, wo wenigstens meine Adjutanten ein besonderes Plätzchen für sich zum Schlafen haben und nicht mit mir auf einer Streu zu liegen brauchen. Auf die Dauer ist dies doch lästig.

Den 13ten Juni Um 4 Uhr des Morgens weckte uns eine nicht allzu ferne Kanonade, die in Phasen bis gegen 7 Uhr fortdauerte. Ich begab mich ins Lager, ließ die Mannschaft sich bereit halten und wartete ab, bis alles ruhig war. Dann zwang mich aber ein heftiger Kopfschmerz, der schon seit meinem Sturz im Anzuge war, in mein Quartier zurück zu kehren, wo ich bis gegen Abend unendlich litt. In der Nacht ging für Wilhelm das Patent als Fähnrich ein. Wir wurden zugleich avertiert, dass der Prinz den folgenden Tag Revue halten würde.

Den 14ten Juni War ich im Stande, mit einem aufgeschnittenen Stiefel am lahmen Fuße zu erscheinen und war unendlich vergnügt darüber. Das Regenwetter war so heftig, dass die Revue abgesagt wurde. Von meinem Kopfschmerz war ich wieder gänzlich befreit.

Den 15ten Juni Dauerte das heftige Regenwetter fort bis gegen Abend; ich konnte daher wenig im Lager sein und unterhielt mich mit dem Lesen der Henriade.

Den 16ten Juni Nachmittags 4 Uhr kam der Prinz zur Revue und manövrierte mit der Division bis Abends 7 Uhr.

Den 17ten Juni Verging der Tag wieder sehr einförmig. Wilhelm ist beständig um mir. Auch Brause kommt oft.

Den 18ten Juni Fuhr ich früh um 7 Uhr nach St. Pölten mit Landsberg und Wilhelm; besuchte meinen alten Gönner, den Generalleutnant von Zezschwitz – fuhr mit ihm zum Prinzen, wo wir frühstückten und dann verfügte ich mich in Wilhelms voriges Quartier, ließ einigen Einkauf von Lebensmitteln und Wein machen und reiste Abends wieder nach Pörschling.

Den 19ten Juni Wurden die Bataillons nach den eingereichten Berechnungen durch den Chef d'Etat Major durchgezählt. Es verbreitete sich die Nachricht von einem Sieg, welchen der Vizekönig von Italien im Ungarn am 14ten erfochten haben soll.

Den 20ten Juni Fiel nichts erhebliches vor. Unsere Offiziers reisen fleißig nach Wien und kommen voll Lob von dieser Kaiserstadt zurück. Auch findet man die Waren durchgängig wohlfeil daselbst; nur mit Brot und Fourage leidet dies eine Ausnahme. Diese Wohlfeilheit erstreckt sich aber nicht bis zu uns; ich wenigstens habe in meinem Leben keine so teure Subsistenz gehabt als hier – und wer da glaubt, dass wir in Feindes Land umsonst leben, der irrt sich. Ich bin froh, in dem verlassenen Hause, wo ich mich befinde, es soweit gebracht zu haben, dass entfernte Landleute mir gegen schweres Geld Lebensmittel zubringen.

Den 21ten Juni Ließ ich meine Brigade Bataillons-weise zum Exerzieren ausrücken und war besonders mit Niesemeuschel zufrieden. Gegen Abend verbreitete sich die unglückliche Nachricht von dem Einrücken der Österreicher in Dresden und Leipzig und von der Flucht des Königs nach Frankfurt am Main. Die Stimmung, die sich dadurch im Korps verbreitete, war sehr trübe – denn jeder fühlt es schmerzlich, von seinem Vaterlande und Allem, was ihm teuer und wert ist, abgeschnitten zu sein.

Den 22ten Juni   Sah man überall noch traurige Gesichter und Niedergeschlagenheit, denn was man gestern noch dem großen Haufen verheimlichte, war nun leider allgemein ruchbar geworden.

Den 23ten Juni   Erhielt ich unerwartet Brief vom 10ten dieses von meiner guten Frau und Mariannen. Meine Freude war sehr groß darüber, doch wurde sie durch den Gedanken verbittert, dass es vielleicht auf lange Zeit die letzten sein würden.

Meine Brigade exerzierte heute abermals unter meiner Direktion.

Den 24ten Juni   Waren wir den ganzen Tag in der gespanntesten Erwartung, weil wir in der vergangenen Nacht den Befehl erhalten hatten, uns marschfertig zu machen – und nichts geringeres vermuteten, als nach Wien zu marschieren, um bei dem zu erwartenden großen Trauerspiel auch Rollen zu übernehmen – es verging aber eine Stunde nach der anderen und der Abend kam heran, ohne dass etwas anderes sich ereignete.

Den 25ten Juni   Um 8 Uhr des Morgens kam der Befehl, nach Sichartskirchen aufzubrechen, dort in die Läger zu rücken, welche die Division des Generals Dupas, die nach Wien marschiert, inne gehabt hat und die Sächs. Truppen, welche dort unter seinem Kommando gestanden hatten, nämlich die Grenadier-Bataillons Winkelmann und Hake, die Karabiniers sowie die Truppen unter dem General Gutschmidt, an uns zu ziehen. Der General Feilitzsch, der schon bei Persling die 1ste Division unter seinem Befehl gehabt hatte, behielt auch hier über die sämtlichen Sächs. Truppen das Kommando. Das Regiment Prinz Johann blieb bei Persling stehen und das Hauptquartier nebst der 2ten Division verbleib annoch in St. Pölten. Das Korps unter dem General Gutschmidt besteht aus den Husaren, dem Regiment Prinz Clemens Chevauxlegers und 2 Schützen-bataillons.

Wir brachen aus unserem Lager bei Persling um halb 10 Uhr auf und rückten, nachdem wir etwa 1 Stunde unter Weges Halt gemacht hatten, nach 3 Uhr in Sicharts-kirchen ein. Meine Brigade steht hinter Sichartskirchen in 2 Linien und mein Quartier ist in einem abgebrannten und gänzlich verlassenen Dorfe, Namens Abstätten, wo ich meine Wohnung in der ebenfalls leeren Pfarre genommen habe, in der zum Glück doch noch einige Tische, Stühle und Bettstellen vorhanden sind. Die Bewohner der entfernten Dörfer, die noch nicht verlassen sind, haben Vertrauen genug zu uns, Lebens-mittel zu bringen, doch sind sie in hohen Preisen.

Wir stehen an der Straße nach Wien und haben noch 4 kleine Meilen bis dahin.

Den 26ten Juni Verlegte der Prinz von Ponte-Corvo sein Hauptquartier von St. Pölten nach Sichartskirchen. Die Grenadier-Bataillons Winkelmann und Radeloff sowie das Schützenbataillon Metzsch mussten nachmittags eiligst nach Wien aufbrechen, um wieder zum General Dupas zu stoßen. Alle Anstalten lassen erwarten, dass in wenigen Tagen wichtige Begebenheiten vorgehen werden.

Den 27ten Juni Veränderte der Prinz sein Hauptquartier abermals und verlegte solches nach Hütteldorf, 2 Stunden von Wien; dagegen kam der Generalleutnant von Zezschwitz mit seinem Generalstab und dem Regiment Prinz Johann nach Sichartskirchen; das Grenadier-Bataillon Hake, welches zeither nebst den Karabiniers in Steiermark gestanden hatte, rückte Abends 10 Uhr allhier ins Lager. Die Karabiniers blieben bei Persling stehen und die 2te Division bei St. Pölten.

Den 28ten Juni Besuchte ich den Generalleutnant von Zezschwitz in Sichartskirchen und blieb Mittags bei ihm. Wir waren ziemlich froh und vergaßen auf eine kurze Zeit unsere Sorgen.

Den 29ten Juni Fiel nichts von Erheblichkeit vor.

Den 30ten Juni Verbreitete sich das Gerücht, die Österreicher hätten ihre Position hinter der Donau verlassen und der Übergang sei Französischer Seite mit einem großen Teil der Truppen erfolgt.

Den 1sten Juli Um 4 Uhr des Morgens kam der Befehl, dass die 1ste Division bis Hütteldorf rücken, die Brigade Lecoq dagegen unsern Platz bei Sichartskirchen einnehmen, die Brigade Steindel aber vors erste bei St. Pölten verbleiben sollte. Unser Aufbruch erfolgte um 8 Uhr; es war ein schwüler regnichter Morgen und wir nahmen unsere Stellung bei Hütteldorf unter einem entsetzlichen Regenguss gegen 2 Uhr Nachmittags. Da ich in der Nähe des Biwaks kein Unterkommen sogleich finden konnte, so nahm ich meinen Platz in meiner Chaise, Landsberg neben mir, Langenau und Wilhelm auf dem Kutschbock und so verzehrten wir unser

Quasidiner, welches in einer Tasse Schokolade und etwas kalte Küche bestand.

Gegen Abend heiterte sich der Himmel auf – und nun sahen wir in einer Entfernung von 2 Stunden die stolze Kaiserstadt Wien vor uns – das Lustschloss Schönbrunn zur Rechten rückwärts – das prächtige Kloster St. Veit sowie das Schloss und Marktflecken Hütteldorf im Rücken. Durch eine Wache, welche ich auf Ansuchen einer verwitweten Gräfin Paar zum Schutz ihres hinter meinem Lager befindlichen Parks gegeben hatte, erlangte ich die Erlaubnis, in einem Pavillon daselbst zuzubringen – aber das ich schon beim Abendessen, welches ich mir hatte hinbringen lassen, die Ordre erhielt, dass die 1ste Division den folgenden Tag in die Gegend von Ebersdorf auf die andere Seite von Wien rücken sollte – auch entfernter von meiner Brigade war, als ich wünschte, überdies der Wind ganz entsetzlich stürmte, so schlief ich unruhig auf dem Sofa, wo ich mich hingeworfen hatte und eilte mit Tagesanbruch ins Lager.

Den 2ten Juli   Um 7 Uhr setzte sich die Division in Marsch. Wir marschierten, auf erhaltenen Befehl, mit fliegenden Fahnen durch Napoleons Hauptquartier Schönbrunn, vermutlich um unbemerkt von ihm beaugenscheinigt zu werden – wir sahen ihn aber nicht. Durch den Umweg, welchen wir also machten, gingen wir um Wien herum, wovon wir außerdem doch die Vorstädte zum Teil passiert wären und ich musste mich also begnügen, solches von außen zu betrachten. Um 1 Uhr rückten wir ins Lager bei Ebersdorf, woselbst wir hart an der Donau stehen; meine Baracke ist ohngefähr

100 Schritt davon entfernt. Uns zur Rechten ist die von den Franzosen besetzte große Insel.

Nachmittags, da ich eben ein wenig schlafen wollte, erhob sich eine tüchtige Kanonade vom jenseitigen Ufer; da ich aber erfuhr, dass die Österreicher bloß auf Französische Schiffe schossen, die auf der Donau fuhren, so ließ ich mich nicht stören.

In der Nacht um halb 2 Uhr erfolgte ein ziemlich lebhaftes Kleingewehrfeuer; ich sprang schnell von meinem Strohlager auf und sah mich um; aber ich bemerkte bald, dass es auf dem jenseitigen Ufer war und ich begab mich also wieder zur Ruhe.

Den 3ten Juli   Abends kam der Befehl, uns um 11 Uhr in Marsch zu setzen, um auf die Napoleonsinsel zu rücken; wir brachen zwar auf, aber wir brachten mehrere Stunden an die Erde liegend zu, weil Französische Truppen und Batterien vor uns defilierten. Endlich

den 4ten Juli   mit Sonnenaufgang passierten wir die Brücken und bezogen diese berühmte Insel, wo die Französische Armee seit der misslungenen Schlacht am 21. und 22. Mai unverrückt stehen geblieben war. Wir hatten alles zurück lassen müssen, ausgenommen die Reitpferde, daher sah es mit den Lebensmitteln sehr sparsam aus und ich musste mich nebst meinen Adjutanten und Wilhelm mit etwas Brot und Schinken und Schokolade, die Langenau selbst kochte, begnügen.

Nachmittags entstand eine äußerst heftiges Regenwetter mit dem entsetzlichsten Sturm begleitet – und wir hatten keinen Schutz, uns dahin zu sichern; eine Laubhütte, die ich mir bauen ließ, verschlimmerte unsere Lage beinahe noch. In der Nacht schien es, als ob die Erde untergehen sollte – der Sturm wütete schrecklich – Donner und Blitz vermehrten das Schreckliche davon und es umgab uns die dichteste Finsternis – die nur durch die himmlischen und menschlichen Blitze erleuchtet wurde, denn eine sehr lebhafte Kanonade auf beiden Seiten, erhöhte noch das Grausende dieser Nacht. Man musste nämlich mit seinem Inneren recht einig sein, wenn man ruhig bleiben sollte. Ich konnte, Gott sei Dank, zu halben Stunden dazwischen schlummern.

Den 5ten Juli   Traten wir um 11 Uhr ins Gewehr und marschierten dann links ab; gegen 2 Uhr gingen wir ganz am Ende der Napoleonsinsel über den letzten Donau-Arm über eine Brücke, die man erst in der Nacht geschlagen hatte, an einem Ort, wo es die Österreicher am wenigsten erwarteten. Die Division Dupas, welche sich vor uns befand, griff sogleich ein auf dem rechten Flügel der Österreicher befindliches Dorf an, indessen marschierten die übrigen Franzosen auf und der Feind zog sich zurück bis in seine erste Position in der Gegend von Deutsch-Wagram. Nachdem wir die Brücke passiert waren, erhielten die Brigaden Hartitzsch und Zeschau Befehl, zu Deckung der nun vorhandenen 3 Brücken stehen zu bleiben bis zur Ankunft der Division Marmont, die uns ablösen würde. Gegen 5 Uhr wurden wir abgeholt. /: Noch muss ich bemerken, dass meine Brigade, nachdem ich solche gleich nach dem Übergang in eine geschlossene Kolonne gesetzt hatte – mir ein dreimaliges Vivat rief :/

Ich dirigierte meine Kolonne auf Enzersdorf und Raasdorf – erhielt Befehl, nachdem ich das letztere Dorf passiert war, en Linie aufzumarschieren und mit meiner Brigade zu avancieren; alles vor mir stand in lebhaftem Feuer; ich hatte nur etwa 500 Schritt zurückgelegt, als auch ich mit Kanonenkugeln und Granaten ohne Zahl begrüßt wurde und ohgeachtet diese Bewillkommnung wohl anfänglich einiges Wanken in der Linie verursachte so stellte ich doch bald die Ordnung her. Wir rückten unaufhörlich vor, bis mich der Prinz auf einmal weiter links gegen das Dorf Deutsch-Wagram zog, wo es an Truppen fehlte. Die Nacht brach ein – das Dorf brannte – mehrere Bataillons nacheinander machten einen Angriff darauf – der jedoch misslang und selbst mit König konnte ich nicht ganz eindringen, weil die zurück kehrenden Bataillons sich auf uns warfen und allgemeine Verwirrung anrichteten. Noch ehe es dazu kam, sprang mein Sattelgurt und ich stürzte vom Pferde, machte einige Zeit die Sache zu Fuß, bis mir Kommerstädt sein Pferd borgte. Dieser Umstand veranlasste, dass man mich fast durchgängig für totgeschossen hielt. Nach und nach entwickelte ich das Chaos wieder und zog mich auf andere Bataillons zurück, die alle in demselben Fall gewesen waren.

Das Feuer schwieg auf allen Seiten und da die Generals v.Hartizsch und v.Lecoq blessiert waren, so bekam ich den Befehl vom Prinzen, die ganze Infanterie in Kolonnen nach ihrer Ordre de Bataille zu formieren. Das Geschäft, dass durch den Verlust sowie durch die große

Finsternis schwieriger wurde, beendigte ich endlich um Mitternacht und warf mich ganz erschöpft auf eine Pferdedecke nieder, die ein Französischer General Hamelines sich dankbar mit mir teilte. Ein Glas Wasser und ein Stück Brot erquickten uns. Mein braver Wilhelm, der sich mit einer Unerschrockenheit benommen hatte, die sein Alter weit überstieg, lag an meiner Seite und schlief wohl sanft mit dem Bewusstsein erfüllter Pflicht. An der Brust seines Vaters. Ich war in diesem Augenblick sehr glücklich und meine ganze Zärtlichkeit ergoss sich über ihn, es war eine Szene, wie sie wohl selten auf einem Schlachtfeld vorkommt.

Noch einen rührenden Augenblick hatte ich, als ich wieder zu Niesemeuschel kam, von welchem ich während dem Angriff aufs Dorf, den ich mit König machte, getrennt worden war; man hatte mich in der Dämmerung vom Pferd stürzen sehen, hatte mich daher tot geglaubt – und diese Nachricht hatte sich allgemein verbreitet. Man sah mich nun unerwartet wieder und alles drängte sich hinzu, mir seine Freude zu bezeigen; selbst ein Capitaine war unter dieser Zahl, den ich wegen seines dienstwidrigen Betragens wenige Tage zuvor arretiert hatte.

Den 6ten Juli   Mit Tagesanbruch ließ sich schon wieder der Kanonendonner in der Entfernung hören – wir griffen zum Gewehr und der Prinz kam; ich musste augenblicklich mit meiner Kolonne aufbrechen und mich gegen Raschdorf dirigieren, wo ich in der Nähe der Italienischen Armee zu stehen kam: Man sah feindliche Kolonnen-Teten sich jenseits Deutsch-Wagram heran ziehen, worauf ich mich rückwärts in die Flanke setzen und mit der ganzen Sächs. Infanterie in einer Linie aufmarschieren musste, wodurch ich die linke Flanke der Franzosen deckte. Vor mir stand die Sächs. Kavallerie und einige Batterien. Die Kanonade begann und das Gefecht ward auf den rechten Flügel sehr hartnäckig; in der Zwischenzeit umging uns in ziemlicher Entfernung Österreichische Kavallerie in meiner Flanke, aber dort eilten ebenfalls bald Französische und andere alliierte Truppen herbei und es war ein merkwürdiges Beispiel, eine Armee von vielleicht 150.000 Mann in einem großen Karree stehen zu sehen. Das Gefecht auf dem rechten Flügel gewann eine günstige Wendung für uns – die Österreicher wichen daselbst – und in diesem Augenblick flog der Kaiser bei mir vorbei nach dem linken Flügel, um dort ihren Plan zu vereiteln – auch hier gelang der Angriff und ich bekam ebenfalls Befehl zum Vorrücken. Von allen Seiten begrüßten mich Batterien; da sie von denen vor meiner Front, die mit mir zugleich avancierten, aber tüchtige Erwiderung bekamen, so zogen sie sich allmählich zurück; endlich machten wir Halt und die Brigade Steindel, die auf dem linken Flügel stand, musste einen besonderen Angriff machen, welches zugleich auch von Franzosen geschah; das Treffen war sehr hartnäckig – die Artillerie wurde der unsrigen überlegen, ein Kanon nach dem anderen wurde demontiert und ich verlor sehr viel Leute; dennoch stand die Infanterie in diesem mörderischen Feuer einige Stunden unerschüttert und nach dem Ausdruck des Prinzen – wie Eisen und Stahl. Meinen meisten Stabs-Offiziers und Adjutanten wurden die Pferde tot oder zu Schaden geschossen – aber über mich waltete mein

Schutzgeist – ich blieb unaufhörlich vor meiner Front. Vielleicht hatte man uns die anfänglich errungenen Vorteile zu schnell verfolgen lassen; die angreifende Französische und Sächsische Infanterie musste nach vielen Verlust von ihrem Versuche abstehen – eine neue Umgehung in der linken Flanke bedrohte uns und ich erhielt Befehl, mich abwechselnd mit der Kavallerie, die hinter mir stand, zurück zu ziehen; dieser Rückzug geschah mit großer Ordnung /: ohngeachtet die respektable Österreichische Artillerie mir immer noch viel Menschen tötete und verwundete :/ bis auf die sanfte Höhe, wo ich früh zuerst aufmarschiert war. Überall zeigten sich feindliche Linien und ich fing an zu fürchten der ersten Bataille beizuwohnen, die der große Napoleon verlieren würde; unser großes Karree formierte sich wieder – auf einmal erschienen, wie ein Deus ex machina, die schönen kaiserlichen Garden, geputzt als ob sie zur Revue marschierten; sie rückten gegen den Österreichischen linken Flügel vor und warfen diesen bald soweit zurück, dass er mit dem Centro wieder in eine Linie zu stehen kam Von diesem Augenblick an ließ das Artilleriefeuer auf meiner Linie nach und der Prinz kam mit seiner gewöhnlichen Lebhaftigkeit zu mir mit den Worten: „ Dites à vos Soldats que je suis extremement content d'eux; ils seront comporter comme de vieilles troupes aguerries – comme de Francais, meme mieux. Je vous le jure, les larmes ons yaux, qu'aujourd'hui j'aimerois mieux etre Infanteriste Saxon, que Francais."

Um uns zu sichern, dass die Österreicher nicht noch einmal eine Umgehung in der linken Flanke versuchten, wurde das Regiment Prinz Clemens , die Garde du Corps und die Kürassier-Garde in die linke Flanke gesetzt und ich musste mich neben selbigen in Kolonne setzen – in der Maße, wie die Franzosen vorrückten, folgten wir und wiewohl wir ziemlich aus dem Kanonenfeuer waren, so trafen doch noch einige Kugeln. Endlich befahl mir der Prinz bis auf weiteres hier zu halten und nur auf seinen Befehl diesen Platz zu verlassen. Auch schickte er mir ein Weißbrot und seine Bouteille Franzbranntwein, wovon er soeben selbst gefrühstückt hatte; wie willkommen mir diese Erquickung war, lässt sich kaum glauben. Es konnte jetzt ohngefähr 12 bis 1 Uhr sein.

Der Platz, wo wir ruhten, war freilich nicht der angenehmste, denn es führte ein Weg bei uns vorbei, wo die Blessierten zurück geschafft wurden; es war schrecklich, die Verstümmelungen anzusehen und das Gewimmer der Leidenden zu hören. Der Kampf blieb hartnäckig – die Österreicher behaupteten ihre Stellung und nur mit Kanonen wurde gefochten, das kleine Gewehr kam wenig in Betracht. Noch einmal schien das Glück zu wanken – da kamen neue, bis dahin zurück gehaltene Batterien an, die Bayern, die bis dahin en Reserve geblieben waren, wurden in die Linie gezogen und dem Feind in die linke Flanke geschickt – kurz die letzten Streitkräfte wurden aufgeboten und der Feind wich auf allen Punkten – das große Spiel war gewonnen. Ich erhielt nun Befehl vom Prinzen, mit meiner Kolonne der Kürassier-Garde allmählich zu folgen; mit dieser setzte ich den Marsch nach und nach bis Leopoldsau, wo wir mit Einbruch der Nacht ankamen. Ich hatte Mangel an allem, denn meine Kavallerie-Deckenwagen waren mir eben so wenig gefolgt als mein Reitknecht und meinen Bedienten hatte ich mit den Wagen jenseits der Donau zurück lassen müssen – aber wie viele bestrebten sich, ihre Erfrischungen mit mir zu teilen.

Auch an diesem Tage hatte sich mein Wilhelm wieder sehr brav gezeigt und nun sorgte er sogar noch für mich und mein Pferd. Wie glücklich fühlte er sich, als ich ihn durch verdiente Liebkosungen lohnte. Unter allen diesen Ereignissen war es mir am schmerzhaftesten, dass schon am ersten Abend der Bataille mein Brigade-Adjutant Landsberg vermisst wurde. Man hatte ihn in dem Dorf Deutsch-Wagram ohne Pferd gesehen und er hatte sich dort an die Garde angeschlossen, aber Niemand wusste was weiter aus ihm geworden war. Aller Wahrscheinlichkeit nach ist er gefangen.

Den 7ten Juli Erwarteten wir eine Revue vom Kaiser und rückten in dieser Absicht in einer Linie aufmarschiert etwas vor, doch unsere Erwartung war vergeblich; er ging den Österreichern lieber nach. Um 2 Uhr Nachmittags erhielten wir Befehl zum Aufbruch; wir setzten uns sogleich rückwärts in Marsch und rückten Abends gegen 6 Uhr bei Stadt Enzersdorf ins Lager. Die Ursache dieser Bewegung war, dass der Erzherzog Johann von Pressburg nach Marcheck vorgerückt sein sollte. Vor dem Abmarsch nahm ich den Adjutant von Schierbrand vom Regiment Niesemeuschel als Brigade-Adjutant zu mir.

Die Vermutung, dass wir nicht lange stehen bleiben würden veranlasste, dass wir uns nur ganz leicht biwakierten; ich und meine Umgebung logierten uns unter Brettern, die an einen Wagen angelehnt wurden und für den Tag ward ein Schirm von Laub gemacht.

Den 8ten Juli Vernahmen wir in der Entfernung von einigen Stunden eine kleine Kanonade gegen Abend, die durch eine Rekognoszierung, welche der General Gutschmidt mit seinem Korps gegen Marcheck hatte machen müssen, veranlasst worden war.

Den 9ten Juli Fiel nichts von Bedeutung vor – der Prinz von Ponte-Corvo passierte Abends die Front, wiederholte die Danksagungen für das brave Benehmen der Truppen und lud mich zum Essen ein. Er selbst hatte sein Hauptquartier in einem Eichenwäldchen aufgeschlagen, wo ihm Laubhütten gebaut waren.

Den 10ten Juli Als wir uns in größter Ruhe befanden ließ mich der Generalleutnant von Zezschwitz rufen und kündigte mir mit großem Schmerz an, dass der Prinz von Ponte-Corvo zu einer anderen Bestimmung vom Kaiser abgerufen – an seiner Stelle der General Reynier angekommen sei und das ganze Korps unter selbigen zum Vizekönig von Italien stoßen werde. In denselben Augenblick erhielten wir auch Befehl zum Marsch und ich konnte nicht einmal von dem Manne Abschied nehmen, der mich mit so vieler Auszeichnung behandelt hatte.

Wir brachen um 10 Uhr auf und dirigierten uns auf Glinzendorf, passierten auf diese Art eine große Strecke über das Schlachtfeld hinweg, stießen überall auf tote Menschen und Pferde und mussten daher, weil es zugleich sehr heiß war, eine verpestete Luft einatmen! Bei Glinzendorf machten wir einen Halt von ein paar

Stunden und meine Kantine sicherte mich und mein Gefolge für Hunger und Durst.

Nachdem die erwarteten Nachrichten eingegangen waren, setzten wir unseren Marsch gegen Siebenbrunn fort, das Korps marschierte unmittelbar vor dem Dorf auf und ich nahm mein Quartier in verlassenen Schulhaus. Ich bekam vor dem Abmarsch noch zugleich das Kommando der Brigade Hartitzsch, die dermalen nur aus 1 Bataillon Leibgarde, 1 Grenadier-Bataillon Bose, wozu der traurige Rest von Radeloff gestoßen ist und dem Schützenbataillon Metzsch besteht. Nebst meiner Brigade habe ich also 6 Bataillons. Nach allen Aussichten war zu vermuten, dass wir den folgenden Tag den bei Marcheck stehenden Erzherzog Johann angreifen würden. Der Vizekönig von Italien hatte in dieser Absicht gegen Abend eine ernstliche Rekognoszierung gemacht, bei welcher tüchtig kanoniert wurde.

Den 11ten Juli   Nach einer sehr ruhig hingebrachten Nacht erwachte ich um 3 Uhr und sah zu meinem Schrecken den Himmel trübe und bewölkt und der Regen floss sachte vom Himmel herab. Als ich mich angekleidet hatte, legte ich mich nochmal nieder, um mich für die wahrscheinliche Anstrengung des Tages im Voraus zu stärken. Nach 6 Uhr wurde ich plötzlich geweckt – ich eilte ins Lager und fand schon alles im Gewehr – erhielt auch sogleich Befehl abzumarschieren. Das schrecklichste Gewitter schien uns den Weg sperren zu wollen – die Blitze fuhren um uns herum, wie vor einigen Tagen die Kugeln und Granaten und die Fenster des Himmels hatten sich aufgetan wie bei der Sintflut – die Leute wateten in Wasser und Kot bis an die Waden.

So zogen wir fort bis über Schönfeld hinaus, wo ich mich auf einem Anger, hinter einem Gehölz, links der Straße herausziehen und bataillonsweise in geschlossene Kolonnen setzen musste; die 2te Division setzte sich auf gleiche Weise hinter die meinige; die Kavallerie blieb noch zurück. da es jetzt eben aufhörte zu regnen und Wind und Sonne uns trockneten, so schlug ich wieder meine Tafel auf, um einigermaßen restauriert zu sein, wenn's an die Blutarbeit ging. Der General Gutschmidt näherte sich indessen Marcheck, da zugleich rechts französische Truppen vorgingen; nach einiger Zeit holte man mein Schützenbataillon; dann musste ich mit den 3 Bataillon Garde, Bose und König folgen, durch das Holz gehen und jenseits desselben aufmarschieren. Nach einiger Zeit musste ich mit selbigen noch ½ Stunde weiter vorgehen – meine beiden zurück gebliebenen Bataillons sowie die 2te Division erhielten Befehl zu folgen. Ich rückte in einer Kolonne bis an die vorge-gangene Kavallerie. Es entwickelte sich nun, dass die Österreicher uns nicht abgewartet, sondern Marcheck geräumt, zugleich die Brücke passiert und solche abgebrochen hatten. Wir setzten nun unsern Marsch nach Marcheck fort, bezogen jenseits des Städtchens einen Biwak und unsere Vorposten hatten Abends noch eine kleine Plänkerei mit den Österreichischen – ein paar Kanonenschüsse von uns machten dem Spiel ein Ende.

Den 12ten Juli   Früh entdeckte man nichts mehr von den Österreichern. Es wurden Kommandos abgesandt, sie aufzusuchen. Schon seit gestern klagte sich der General Steindel – ich blieb also allein noch dienstfähig und musste daher das Kommando der ganzen Infanterie übernehmen.

Den 13ten Juli   Vormittags wurde durch General-Befehl bekannt gemacht, das zwischen der Französischen und Österreichischen Armee ein Waffenstillstand auf 30 Tage und gegen 14tägige Aufkündigung abgeschlossen sei. Die Demarkationslinie wird von der Seite von Ober-Österreich, die Grenze von Böhmen, den Znaimer und Brünner Kreis – und eine Linie sein, welche von der Grenze von Mähren folgendergestalt nach Raab gezogen wird; nämlich sie fängt an dem Punkte an, wo die Grenze des Brünner Kreises die March berührt, geht die March herunter bis an den Einfluss der Taja, von da nach St. Johann, an der Straße herunter bis Pressburg und eine halbe Stunde im Umkreise dieser Stadt eingeschlossen, an den Hauptstrom der Donau bis zum Einfluss der Raab, Raab und eine Stunde im Umkreis mit eingeschlossen, von da an der Raab bis an die Grenze von Steirmark, Krain und Feuer herunter. Die Zitadellen von Brünn und Graz werden nach Unterzeichnung des Waffenstillstandes geräumt; die Detachements Österreicher in Tirol und Voralberg räumen ebenfalls beide Länder und Schloss Sachsenburg wird den französischen Truppen eingeräumt.

Man vermerkt nach allem diesen, dass am Frieden gearbeitet wird. Unter diesen Umständen glaubte ich, meine Strohhütte verlassen zu können; ich legte mich nach Marcheck in die Pfarre und entkleidete mich nach 5 Wochen zum ersten Mal in dieser Nacht. Aber ich ward dem ohngeachtet im Schlafe unterbrochen – denn ich erhielt den Befehl, dass die Infanterie um 6 Uhr früh marschfertig sein sollte, um ihren Weg nach Stockran zu nehmen, woraus sich folgen ließ, dass wir uns gegen Johann dirigieren würden.

Den 14ten Juli Als ich soeben abzumarschieren bereit war, erhielt ich Befehl, die March zu passieren und, wenn die Bataillons der 1sten Division solche passiert haben würden, nach Stampfen zu gehen. Der Anfang geschah um 9 Uhr; die Garde ging zuerst herüber – dieser folgte ich für meine Person und begrüßte Ungarns Gefilde. Zwischen Morästen gingen wir auf einem Damme gegen Stampfen zu – die ausgetretenen Wässer nötigten mich mehrere Halt zu machen, um meine Truppen wieder zu sammeln. Erst um 5 Uhr kam ich bei Stampfen an, marschierte auf und meldete mich beim General Reynier; kaum ruhten wir ein wenig, so schickte derselbe mir Befehl, wieder aufzubrechen und die Straße nach Pressburg einzuschlagen. Alles war ermüdet – wir kamen aber dem ohngeachtet gegen 10 Uhr in dieser Königsstadt an. Man logierte mich vorzugsweise in das Gräflich Illschasiche (?) Palais, wo die Zimmer mich fast blendeten und mit meinem bisherigen Unterkommen sehr kontrastierten – desto auffallender war es, dass als ich nun für mich und meinen Adjutanten um eine warme Speise und ein Glas Wein bat, man uns nichts als trockenes Brot und Käse vorsetzte und keinen Wein im Hause zu haben behauptete. Mein Langmut hatte hier ein Ende – und ich bekam wenigstens eine Bouteille Burgunder – ohngeachtet es mit dem Essen blieb wie es war.

Den 15ten Juli Nachdem ich zweckmäßige Maßregeln genommen hatte, verbesserte sich die Sache in etwas und mein Mittagstisch war gut eingerichtet. Das Frühstück nahm ich beim General Reynier ein.

Den 16ten Juli   Abends kam der Vizekönig von Italien hier an und nahm sein Hauptquartier allhier.

Den 17ten Juli   Wurden innere Einrichtungen getroffen. Nachmittags wurde dem Vizekönig von Italien, der hier im Fürstl. Grassalkowitzschen Garten Palais logiert, die Tour gemacht und Abends hatte ich die Ehre bei ihm zu speisen. Seine Tafel bestand nur aus Generals – nämlich: der Vizekönig selbst, der General Reynier, der General Guilleminot (Chef des Generalstabes Sr. Kaiserl. Hoheit), dem einen 2ten franz. Brigade-General, dessen Namen ich nicht erfahren konnte und mir. Für sein Gefolge war eine besondere Tafel in einem anderen Zimmer.

Den 18ten Juli   Verstrich sehr einförmig – ich war meistens zu Hause, weil es stark regnete. Soweit sich nach den eingereichten Anzeigen nunmehro der Verlust des Sächsischen Korps in den beiden Tagen der Bataille bei Deutsch-Wagram am 5ten und 6ten dieses übersehen lässt, so besteht solche in

    14 toten
104 verwundeten   Offiziers
    8 vermissten

576 toten
2.185 verwundeten   Unteroffizers und Gemeinen
1.348 vermissten

469 toten   Pferden
  59 verwundeten

126 Offiziers   Summa
4.109 übrige Mannschaft

4.235 Mann Verlust
528 Pferde

Den 19ten Juli   Ohngeachtet ich mich überall nach den hiesigen Merkwürdigkeiten erkundigte, so weiß mir doch niemand, welche anzugeben. Die Stadt ist groß, hat zum Teil schöne Palais, mitunter aber auch elende Hütten, häufig mit Schindeln gedeckt. Durch das letzte Bombardement sind 123 Häuser eingeäschert und unzählige Gebäude beschädigt. Auch in dem Palais, wo ich wohne und sogar in meinem Zimmer haben zersprungene Haubitzgranaten Schaden angerichtet, der jedoch nicht bedeutend ist. Übrigens ist mein Quartier brillant und auch vortrefflich möbliert. Eine große steinerne Treppe führt bis zum Vorzimmer, aus welchem man in den Speisesaal eintritt; rechts desselben ist das Zimmer meines Adjutanten, links des Saales befindet sich mein Wohnzimmer, gleich an diesem ist noch ein Zimmer, wo ich nebst Wilhelm schlafe und daneben ist noch eins befindlich, wo meine Sachen aufbewahrt werden. Im Saal sind Glastüren, durch welche man auf einen Balkon tritt. Das Palais liegt an einem schönen freien Platz , 50 Schritt von der Promenade, wo sich an schönen Tagen die schöne Welt versammelt und wo man in einem Pavillon vortreffliches Gefrorenes und allerlei Konditoreiwaren bekommen kann.

Den 20ten Juli   Wurden sämtliche Generals und Stabs-Offiziers und eine Anzahl tanzbare Offiziers zum General Reynier zu einem Ball eingeladen. Wohlstands halber fuhr ich auch um 8 Uhr hin, fand eine Menge Uniformen aber noch keine Damen – endlich kamen verschiedene ungarische Magnaten in ihrer Nationaltracht und zuletzt ganz einzeln ohngefähr 15 Damen, alt und jung – nicht sonderlich reizend und etwas zu gesucht einfach angezogen. Auch der Vizekönig erschien; es rührte lange ehe der Tanz begann – und man sah es den Damen an, das sie mit Verdruss und nur aus Zwang tanzten.

Des Stehens überdrüssig, dass meinem noch immer etwas gelähmten Fuß nicht zusagen will und von langer Weile geplagt – tat ich auf Souper und Alles sehr gern Verzicht und fuhr halb 11 Uhr wieder nach Hause.

Den 21ten Juli   Kann ich nicht unter die bemerkenswerten Tage zählen

Den 22ten Juli   Brachte ich Vor- und Nachmittags damit zu, über die 7 Bataillons der 1sten Division Revue zu halten. Zum ersten Mal empfanden wir das Drückende des ungarischen Klimas – es war eine unerträgliche Hitze.

Abends war Schauspiel – ich hatte für mich, meine Adjutanten und Wilhelm eine Loge gemietet. Ich glaubte alles sehr voll zu finden, aber im ganzen 1sten Rang waren nur 5 Logen besetzt, nämlich die eine vom General Reynier und Zezschwitz nebst einigen Adjutanten, die 2te von Gersdorf und verschiedenen Adjoints vom Generalstab, die 3te vom General Intendanten von Watzdorf, die 4te vom General Gutschmidt und seinen Adjutanten, die 5te von mir. Im 2ten Rang waren einige Stabs-Offiziers; auch im Parterre noble sah man meist Offiziers. Das

Schauspielhaus, das am Ende der Promenade liegt, ist recht hübsch dekoriert, aber schlecht erleuchtet; hat die Größe des Dresdner Theaters, aber mehr Breite und verschiedene Ausgänge, daher man nicht gedrängt wird. Man gab die Entführung; so oft ich das Stück gesehen habe, so gefällt es mir doch noch immer und es amüsierte mich, da es recht gut exekutiert wurde, ohne dass man zu Thoringschem platten Witz seine Zuflucht nahm. Die Schauspieler sind überhaupt nicht übel, besonders zeichnete sich eine Madame Müller aus.

Der Vizekönig verließ Pressburg.

Den 23ten Juli War die Hitze noch größer als gestern. Ich speiste zu Mittag, d.h. um 6 Uhr beim General Reynier – Abends blieb ich etwa eine halbe Stunde auf der Promenade.

Den 24ten Juli Schon um 7 Uhr ritt ich aufs Schloss, welches auf einem hohen Berge liegt und über eine weite Ebene, worin man die Donau in ihren unzähligen Krümmungen und mit einer Menge ihrer Arme und Krümmungen erblickt, eine reizende Aussicht gewährt. Die Hitze des Tages zwang mich größtenteils, zu Hause zu bleiben. Ein heftiges Gewitter verschaffte uns Kühlung und verstattete mir gegen Abend eine Spazierfahrt mit Schierbrand auf eine Donauinsel – die Mühlaue genannt – bis an ein Dorf namens Ober-Ufer zu machen, wo unsere äußersten Posten etwa 50 Schritt von den Österreichern stehen.

Den 25ten Juli Erfolgte Nachmittags die Beerdigung des Leutnants von Oebschelwitz mit militärischen Honneurs. Ich wohnte derselben bei, ohngeachtet es mir bei der drückenden Hitze sehr sauer wurde. Abends besuchte ich, um mich zu zerstreuen, mit meinen beiden Adjutanten und Wilhelm das Schauspiel; man gab die deutschen Kleinstädter unverbesserlich gut. Zwischen den Akten wurden von 4 Sängern verschiedene Arien und österreichische Volkslieder gesungen; eine Unterhaltung, die meinen Beifall erhielt.

Den 26ten Juli Bestätigte sich die bereits gestern eingegangene Nachricht, dass der General Hartitzsch in Wien an den Folgen seiner Wunden gestorben sei. Es machte auf mich einen schmerzlichen Eindruck, ohngeachtet dieser Tod auch eine Verbesserung meiner Lage näher führt – aber die unglückliche Familie und so mancher anders dabei zu erwägende Umstand - wollte Gott, es wäre nicht.

Die Friedenhoffnungen scheinen zu schwinden – vielleicht gehen die Feindseligkeiten in wenigen Wochen wieder an.

Den 27ten Juli Noch immer hält die drückende Hitze und nur des Abends kann man freier atmen und dann muss man wegen der Erkältung äußerst vorsichtig sein.

Den 28ten Juli Wurden nachfolgende Sächs. Generals und Offiziers zu Mitgliedern der Ehrenlegion ernannt:

1 Generalmajor v.Gutschmidt	5 Oberstleut. v.Warnsdorf
2 Generalmajor v.Lecoq	6 Major v.Lobkowitz (Hus)
3 Oerst v.Kleist	7 Major v.Radeloff (Gren.)
4 Oberstleut. v.Klengel	8 Major v.Polenz (Low)

9 Hauptm. v.Ryssel (Stab)   13 Sousl. v.Sahr (LKG)

10 Preml. v.Metzradt (LGG)   14 Sousl. v.Züllichau (Car.)

11 Sousl. v.Lenz (Stab)   15 Obstl. v.Witzleben (LKG)

12 Sousl. v.Watzdorf (Joh.)

Mittags speiste ich beim General Reynier und Nachmittags 5 Uhr hielt derselbe über die Infanterie der 1sten
Division Revue und ließ solche vor sich exerzieren. Der
österreichische General Bianchi war zugegen.

Den 29ten Juli   War Revue der 2ten Division bei
Stampfen, 4 Stunden von hier. Abends besuchte ich das
Schauspiel.

Den 30ten Juli   Besuchte ich den evangelischen
Gottesdienst; ich fand die Lieder gut – aber die Predigt
sehr mittelmäßig, auch war der Gegenstand derselben
eben nicht von der Art, dass er mir hätte zu Herzen gehn
können.

Den 31ten Juli   Exerzierte die bisherige Brigade
Hartitzsch, welch noch immer mit unter meinem
Kommando befindlich ist. Der Kronprinz von Bayern kam
inkognito hier an.

Den 1sten August   Exerzierte meine Brigade. Mittags
aß mein Schwager Brause bei mir.

Den 2ten August   Exerzierte die Brigade Hartitzsch.
Vor- und Nachmittags hielt ich bei allen 7 Bataillons
anbefohlenermaßen Revue d'armes. Die unerträgliche
Hitze, die ich dabei auszustehen hatte, machte mir dies

an sich langweilige Geschäft ziemlich unangenehm, da solches erst um 6 Uhr Abends beendet wurde.

Den 3ten August   Früh Exerzieren meiner Brigade. Mittags war Tafel beim Generalleutnant von Zezschwitz, den Namenstag unseres Königs zu feiern. General Reynier war nebst seinem Chef d'etat major und Adjutanten dabei zugegen. Abends wurden sämtliche Musiker Korps auf die Promenade bestellt und bliesen einige Stunden daselbst, um dadurch die Feier des Tages zu erhöhen.

Den 4ten August   Unsere Zeit streicht jetzt sehr einförmig dahin – ein Tag gleicht dem anderen. Heute früh exerzierte wieder die 1ste Brigade. Diesen Abend war Konzert im so genannten Palfy-Saal; man hatte vortreffliche Sachen gewählt – besonders wurde ein Violoncello-Konzert sehr gut exekutiert, eine italienische Arie, von einer Schauspielerin vorzüglich gut gesungen und ebenso schön das herrliche Duett aus dem unterbrochenen Opferfest *„Wenn mir dein Auge strahlt pp."* Schlechter aber lief die Deklamation des Liedes vom braven Mann und der drei Worte des Glaubens von Schiller ab.

Den 5ten August   Die unerträgliche Hitze hat seit einigen Tagen nachgelassen – das Exerzieren meiner Brigade war daher heute gar nicht beschwerlich. Da ich morgen ausschlafen kann, so besuchte ich das Schauspiel; man gab den Spieler von Iffland, aber die meisten Rollen misslangen. Es ist unangenehm, dass das Schauspiel erst um halb 8 Uhr seinen Anfang nimmt und man daher gewöhnlich erst gegen 11 Uhr zu Hause kommt.

Den 6ten August Die Nachricht verbreitet sich mit Gewissheit, dass der Erzherzog Karl das Kommando der Österreichischen Armee niedergelegt hat und nach Teschen gegangen ist. Diesen Nachmittag besuchte ich mit meinen Adjutanten und Wilhelm einen vor der Vorstadt gelegenen Garten, unter dem Namen Kastaniengarten bekannt; er liegt an einem Berge und hat viel Ähnlichkeit mit dem Naumburger Bürgergarten. Fast alle Offiziers hatten sich dort eingefunden und selbst einige der hiesigen Einwohner – besonders waren viel wohlgekleidete Frauenzimmer da, die mir aber, nach ihrem Aussehen, zum Teil von einer Klasse zu sein, mit der ich Bedenken trug, eine Unterredung anzuknüpfen. Das Konzert, welches die Hautboisten von Niesemeuschel machten und dann die Aussicht in die üppigen Weinberge, gewährten einen reinen Genuss.

Den 7ten August Exerzierte ich die 1ste Brigade im Ganzen. Gegen Abend wohnte ich einer so genannten musikalischen Vokal-Quartett-Akademie im Palfy-Saal bei. Vier Sänger unterhielten uns eine Stunde sehr angenehm – besonders freute mich der bekannte Kanon *„Was nützen Zepter pp."*, desgleichen ein Alpenlied und die Arie *„Ah ve ti amo pp."*.

Die Friedenshoffnungen schwinden immer mehr; man glaubt, dass nach Abfluss des Waffenstillstandes die Feindseligkeiten wieder ihren Anfang nehmen werden.

Den 8ten August Verhinderte der heftige Regen das Exerzieren. Gegen Mittag hörte derselbe auf und die darauf folgende Kühlung veranlasste mich, Nachmittags zuerst die Domkirche zu besuchen, wo die Könige von Ungarn gekrönt werden. So wenig das alte gotische Gebäude an sich merkwürdig ist, so fand ich doch einige Figuren von Bronze am Hochaltar sehr schön gearbeitet und besonders zeichnete sich hinter denselben der heil. Martin zu Pferde aus, wie er mit seinem Schwerte seinen Mantel teilt und die eine Hälfte einem Armen gibt. Das Denkmal des allhier begrabenen Kardinals von Sachsen-Zeitz hatte für mich in vaterländischer Hinsicht besonderes Interesse. Eine schöne Kapelle, von vier hiesigen Bischöfen nach und nach erbaut, wovon der eine – Fürst Esterhazy in Marmor ausgehauen ist – zog mich wegen der Inschrift an, die ohngefähr folgendes ausdrückt:

Nicht den Heiligen – sondern dem Gotte der Heiligen
Bauen wir – uns der Heiligen zu erinnern – Altäre

Der Körper eines Heiligen, dessen Name mir entfallen ist, wird darin aufbewahrt. Von hier verfügte ich mich ins Kloster der Elisabethinerinnen – anfänglich bloß in der Absicht ihre Kirche zu besehen, die man mir gerühmt hatte – ich fand sie hübsch gebaut und nett dekoriert-durchgängig mit Gips-Marmor belegt – inzwischen sah ich nichts besonderes. Die Pförtnerin, die uns herum führte, äußerte – die Frau Oberin würde sich geschmei-chelt fühlen, wenn wir sie besuchen wollten; ich nahm das Anerbieten an fand eine alte muntere Frau, die den Pflichten ihres Ordens, Kranke zu verpflegen, ganz zu leben schien. Sie sprach mit ungemeiner Würde davon und ruhte nicht bis ich mich entschloss, ihren Kranken-saal zu besuchen, wo 30 Personen weiblichen

Geschlechts abgewartet wurden. Noch nie habe ich in irgendeiner Anstalt dieser Art eine solche Reinlichkeit und Ordnung gefunden; die Krankenbetten waren auf beiden Seiten durch Brettwände von einander abgesondert und mit Vorhängen versehen, so dass jede Patientin eine Art von Kabinett für sich hatte, ein breiter Gang ging zwischen durch und am Ende des hohen und luftigen Zimmers befand sich ein Altar; nirgend spürte man den sonst gewöhnlichen Krankengeruch und überall standen Nonnen den Leidenden bei – doch nur eine davon war jung und hübsch. Für die Rekonvaleszenten waren besondere Zimmer, nicht minder sauber und die Küche war so reinlich und nett als kaum manches Visitenzimmer ist. Ich kehrte höchst zufrieden mit dem, was ich gesehen hatte, zurück.

Den 9ten August Exerzierte ich die 2te Brigade im Ganzen. Nachmittags machte ich eine Spazierfahrt nach den Mühlen; der Weg geht lange längs der Donau herab, dann wendet er sich in einen Grund, der dem Zehrenschen Grund bei Dresden vollkommen ähnlich ist und selbst die Einrichtung in den Gärten der Mühle, die viel besucht, hat Ähnlichkeit damit.

Den 10ten August Früh Exerzieren der 1sten Brigade. Abends Schauspiel *„Der Wildfang"*

Den 11ten August Früh Exerzieren der 2ten Brigade. Bei meiner Rückkehr vom Exerzierplatz fand ich den Leutnant von Landsberg, welcher aus seiner Gefangenschaft zurückgekehrt war. Nachmittags verschiedene Dienstgeschäfte.

Den 12ten August   Exerzierte die 1ste Brigade. Den Abend besuchte ich das Schauspiel; man gab die Oper Agnes Sorel; eine Sängerin Demoiselle Jonas zeichnete sich aus.

Den 13ten August   Der Waffenstillstand ist noch nicht aufgekündigt; der Kongress soll sich nun wirklich zu Altenburg, zwischen hier und Wien, auf einem, dem Herzog von Sachsen Teschen gehörigen Schloss versammelt haben.

Den 14ten August   Wurde von einem Französischen Kriegs-Kommissär eine Truppen-Zählung vorgenommen, weil jeder Soldat zum Napoleonsfeste mit 2 Francs und 50 Centimes /: 15 Gr. Sächs. :/ beschenkt werden soll.

Den 15ten August   Verkündigten um Mitternacht 3 Kanonenschüsse den Eintritt des merkwürdigen Tages, an welchem der größte Mann unseres Zeitalters geboren worden war. Um 4 Uhr geschahen abermals 21 Kanonenschüsse. Um 6 Uhr stand die ganze Infanterie der 1sten Division unter meinem Kommando sowie die Kavallerie der Avantgarde unter dem General Gutschmidt en Ligne aufmarschiert. Der General Reynier kam, passierte die Front, empfing die gewöhnlichen Honneurs und jedes Bataillon rief, indes er solches passierte, dem Kaiser Napoleon ein Vivat. Sodann traten auf Befehl des Hrn. Generalleutn. von Zezschwitz alle die Stabsoffiziers und Offiziers, die von unserm König wegen ihres Wohlverhaltens in der Schlacht bei Deutsch-Wagram zu Rittern des Heinrichs-Orden ernannt worden waren sowie die Unteroffiziers und Gemeinen, denen man aus eben derselben Ursache, die goldene oder silberne Medaille zuerkannt hatte, vor – letztere formierten einen Kreis, den die Musik Korps schlossen und nun wurden unter fortwährender Musik obige Belohnungen ausgeteilt. Dann wurden von den Batterien 12 Patronen und von der Infanterie 20 Patronen verfeuert, worauf die Division vor dem General Reynier vorbei defilierte. Um halb 10 Uhr versammelten sich alle Generals und Offiziers sowie die hiesigen Magnaten, Zivil-Behörden und Offiziers des Bürger-Militärs bei letztgedachten General Reynier, begleiteten ihn in die Kathedral-Kirche und wohnten dem Hochamt und Te Deum bei, während welchem abermals 21 Kanonen-schüsse geschahen und ein vor der Kirche postiertes Bataillon eine abermalige Salve gab. In der Kirche selbst machte die Leibgarde die Haye. Um 2 Uhr wurde beim General Reynier zu Mittag gespeist, wozu alle Generals und Stabsoffiziers und die Magnaten gebeten waren. Auch musste jeder Bataillons-Kommandant seine Offiziers /: auf franz. Rechnung :/ bewirten. Gegen Ende der Mahlzeit wurde des Kaisers Gesundheit getrunken und es geschahen abermals 21 Kanonenschüsse. Abends war vorzüglich die Promenade und das Schauspielhaus illuminiert – die Stadt auch, doch zum Teil sparsam. Um 9 Uhr begann ein großer Freiball auf dem hiesigen Redouten Saal, der wegen seiner Einrichtung sehens-wert ist; seine Länge ist zwar nicht so ansehnlich als die des Saals im Dresdner Gewandhaus, aber er ist wenigsten dreimal breiter und um die Hälfte höher. Eine Gallerie umgibt ihn; von 27 Kronleuchtern wird er beleuchtet und 18 große Spiegel vervielfachen die

Lichter. Die Musik-Chöre der Bataillons waren auf allen öffentlichen Plätzen aufgestellt.

Den 16ten August   Musste ich wegen einer bösen Hand zu Hause bleiben, die mich schon mehrere Tage inkommodiert hatte – wozu aber eine rosenartige Entzündung gekommen war, weil sie nicht geschont wurde.

Den 17ten August   Musste ich mich ebenfalls so wie

den 18ten August   noch inne halten, weil ich keine Uniform anziehen konnte. Ich musste mich an diesen 3 Tagen bloß mit einer Spazierfahrt in den Abendstunden, im Oberrock gehüllt, begnügen.

Den 19ten August   Konnte ich zum ersten mal wieder dem Exerzieren und Abends dem Schauspiel beiwohnen. Man gab die *Organe des Gehirns* recht leidlich. General Funk kam von Wien an.

Den 20ten August   Früh verschiedene Dienstgeschäfte. Nachmittags erhielt ich einen Besuch vom General Funk, mit welchem dann so manches über das liebe Vaterland gesprochen wurde. Auch machte ich eine kleine Partie in Palfyschen Garten, der sehr groß ist und hübsche Spaziergänge hat – aber er war gerade an diesen Tagen nicht besucht.

Den 21ten August   War ich früh beim Exerzieren der 1sten Brigade zugegen. Die große Hitze, die uns nun schon seit geraumer Zeit wieder drückt, verhinderte mich etwas anderes vorzunehmen als zu lesen.

Den 22ten August   Wurde die Feier meines Geburtstages sehr schön dadurch eröffnet, dass ich in der Nacht einen zwar alten aber sehnlich erwarteten Brief meiner guten Frau und meiner Marianne, dem einige Zeilen der Fräulein Therese Winkel beigelegt war, geweckt wurde. Beim Aufstehen früh um 4 Uhr fand ich ein recht artiges Gedicht vom Leutnant Schierbrand auf meinem Tische. Um 5 Uhr fanden sich die Hautboisten vom Regiment Niesemeuschel ein und begannen ihren Morgensegen mit dem herrlichen Lied *Freude schöner Götterfunken*. Bald darauf trat das Offiziers-Korps dieses Regiments in mein Zimmer, um mir seine Glückwünsche zu bezeugen. Ein Gleiches geschah vom Regiment König nach geendigtem Exerzieren. Wilhelm beschenkte mich mit einem sehr schönen Glase in einem Futteral. Mittags hatten meine Herrn Adjutanten meinen Schwager und den Regiments-Chirurgus Günz zu Tisch gebeten und gemeinschaftlich Torte, Gefrorenes und Dessertwein besorgt – kurz alles beeiferte sich, mir den Tag recht angenehm zu machen; wir waren sehr heiter. Abends führte ich dagegen ins Schauspiel, wie dies oft zu geschehen pflegt.

Den 23ten und 24ten August   Exerzieren wie gewöhnlich, außerdem nichts Erhebliches

Den 25ten August   Heftiges Regenwetter, wodurch für die Soldaten ein Ruhetag entstand. Es war im Ganzen ein melancholischer Tag.

Den 26ten August   Rückte ich zwar mit der 1sten Brigade zum Exerzieren aus, aber kaum hatte ich mich mit solcher eine halbe Stunde bewegt, so entstand ein so entsetzliches Regenwetter, dass ich aufhören musste und bei meiner Nachhausekunft ganz durchnässt war. Mittags 2 Uhr speiste ich beim General Reynier.

Den 27ten August   Wurde von dem angekommenen Feldprediger der erste Gottesdienst gehalten. Die Witterung war anhaltend schlecht.

Den 28ten August   Hatte sich der Himmel aufgehellt; ich konnte mit meiner Brigade wieder exerzieren.

Den 29ten August   Gegen Abend verbreitete sich auf einmal von Wien aus das Gerücht, dass die Unterhandlungen eine üble Richtung nahmen, in Kurzem ganz abgebrochen werden und die Feindseligkeiten wieder anfangen würden. Es machte große Sensation und man bemerkte selbst im Schauspiel, dass etwas besonderes vorgehen musste.

Den 30ten August   Exerzierte die 1ste Brigade mit Feuer. Mittags lud mich der Generalleutnant Zezschwitz ein. Nachmittags erfuhren wir unter der Hand, dass der Kaiser Napoleon herkommen würde. Ich machte gegen Abend eine Spazierfahrt nach der so genannten Prohaska-Mühle an der Stampfener Straße, ohngefähr ¾ St. von hier; es ist ein Vergnügungsort, wie es deren hier so manche gibt – und ich gestehe, der Platz ist für das hiesige Klima sehr gut gewählt, denn man hat sehr viel Schatten.

Den 31ten August   Als eben meine Brigade Bataillonsweise exerzierte kam der Kaiser über den Platz geritten, wo solches geschah; ich wurde ihm durch den kom. Generalleut. präsentiert; er ritt an zwei Bataillons heran, ließ einige Griffe machen, wozu er mir jedesmal den Befehl gab, den ich weiter an den Major beförderte und ritt weiter, ohne sich aufzuhalten. Während der Zeit, als er von einem Bataillon zum andern ritt sowohl als auch indem diese vor ihm exerzierten, tat er einige Fragen an mich, die ich mit Unbefangenheit beantwortete. Überhaupt hat mich seine Anwesenheit durchaus nicht aus der Ruhe gebracht – ich betrachtete mir den großen Mann mit großer Aufmerksamkeit – ich zollte ihm immer Ehrfurcht aber ich freute mich des Bewusstseins, dass ich Mensch einem Menschen gegenüber stand und deshalb nicht sklavisch zitterte.

Den 1sten September   Seit Kurzem war ein Feldprediger angelangt, den das Korps zeither entbehrte; es wurde desfalls heute zum ersten Mal Kommunion gehalten; meine Brigade machte den Anfang, es ist unglaublich, wie zahlreich sich die Soldaten zu dieser Feier eingefunden hatten und wie ein jeder fest den Ausdruck der Andacht auf seinem Gesicht trug. Die Handlung, welche durch eine sehr passende Rede des Feldpredigers eingeleitet wurde, war daher sehr feierlich und ich glaubte auch hier, wie im Gefecht, an der Spitze meiner Waffenbrüder sein zu müssen.

Den 2ten September   Marschierten die beiden sehr schwachen Grenadier-Bataillons von Radeloff und Bose auf 5 Tage nach Theben zur Schanzarbeit. Meine Brigade exerzierte wie gewöhnlich

Den 3ten September   Früh 7 Uhr militärischer Gottesdienst. Der großen Hitze wegen verhielt ich mich den Tag über im Quartier.

Den 4ten September   Exerzierte die Garde und das 2te Schützen-Bataillon. Gegen Abend Spazierfahrt.

Den 5ten September   Schon   gestern   Abend gegen 10 Uhr erhob sich ein heftiges Gewitter – dies dauerte nicht nur die ganze Nacht hindurch, sondern es war ärger, als ich je eines miterlebt habe – ärger als das, welches uns überfiel, da wir am 11ten Julius nach Marcheck marschierten, um die Stellung des Erzherzog Johann zu rekognoszieren. Am Schlossberg sind durch Blitze verschiedene Stücken Felsen abgesprengt und eine Frau ist erschlagen worden ; der Regen dauerte heute bis gegen Mittag fort.

Nachmittags 4 Uhr mussten 1.000 Mann aus allen Bataillons der 1sten Division zur Ablösung der beiden Grenadier-Bataillons Radeloff und Bose nach Theben aufbrechen und letztere kamen in der Nacht zurück.

Den 6ten September   Die   Kriegstrompete   er- schallt heute aufs neue – indessen scheint es mir als ob wir noch einige Zeit im Zweifel bleiben würden.

Den 7ten und 8ten September   Ich müsste Gerüch- te, Vermutungen, politische Kanonengießereien erzäh- len, wenn ich von diesen beiden Tagen etwas sagen wollte. Alles geht seinen gewöhnlichen Gang – doch deutet manches, was sich ereignet hat, mehr auf Krieg als auf Frieden.

Den 9ten, 10ten und 11ten September   Alles   ruhig. Alles ging seinen gewöhnlichen Gang. Was indessen baldige Bewegung erwarten lässt ist, dass man eine Schiffbrücke allhier über die Donau geschlagen hat und dass ein französischer Brigade-General Namens Noury hier eingetroffen ist, um das Kommando unserer

Artillerie zu übernehmen, die man überhaupt um 12 Piecen vermehrt hat.

Den 12ten September   Erhielten wir Befehl, dass die Infanterie der 2ten Division morgen bei Neudorf ein Hüttenlager beziehen soll; die 1ste Division erhält dieselbe Bestimmung in wenig Tagen, in der Nähe von Pressburg

Den 13ten September   Erfolgte der bestimmte Befehl zur Beziehung des Lagers für die 1ste Division und der Platz dazu wurde in der Nähe der Vorstadt an der Straße nach Rutgersdorf angewiesen.

Den 14ten September   Wurde das Lager abgesteckt und mit dem Barackenbau begonnen

Den 15ten September   Setzte man diese Arbeit fort.

Den 16ten September   Früh um 8 Uhr rückten die beiden Grenadier-Bataillons Radeloff und Bose, nebst den Bataillons König, Klengel und Niesemeuschel ins Lager ein. Die Garde und das 2te Schützen-Bataillon blieben zur Garnison von Pressburg. Da mein bisheriges Quartier zu entfernt vom Lager war, so bezog ich Nachmittags ein anderes in der Vorstadt, von wo aus ich das Lager im Schritt in 10 Minuten erreichen kann. Zwar fehlen hier die weichen Sofas, die Kronleuchter, Alabaster-Lampen, Tremeaux, ich entbehre die Promenade, die Eisbude, das Schauspielhaus – denn alles das ist eine reichliche halbe Stunde von mir entfernt – aber ich bin dennoch nett und freundlich logiert, meine Aussicht geht auf einen großen Garten und ich lebe völlig mir auf dem Lande. Es ist ein schönes Landhaus, das ehedem ein Graf Aspanmont gebaut hat, gegenwärtig aber einer Gräfin Jankowies gehört, die jedoch nicht anwesend ist; indessen versieht ein Verwandter von ihr die ökonomischen Angelegenheiten und ich habe mich in dieser Hinsicht nicht verschlimmert.

Den 17ten September Wurden 300 Arbeiter zu neuen Verschanzungen auf die Mühlaue gegeben und doch spricht man viel vom Frieden.

Den 18ten September Setzten 1.000 Arbeiter von meiner Division die gestern angefangenen Arbeiten fort.

Den 19ten bis mit 23ten September alle diese Tage waren einander gleich; die Arbeiten wurden mit derselben Anzahl Leute fortgesetzt. Was nicht arbeitete, exerzierte einen Tag um den anderen. Gewöhnlich ritt ich um 7 Uhr früh ins Lager, verweilte daselbst bis gegen 10 Uhr, verfügte mich sodann in die Stadt zur Parole; um halb 1 Uhr ward sich zu Tisch gesetzt, wo außer mir, meinen 3 Adjutanten, Wilhelm und dem Baron, der die Honneuro vom Hause macht, noch ein bei letzterem einquartierter Schützen-Offizier Namens v.Hille speiset. Überdies lade ich täglich 2 Offiziers aus dem Lager ein. Gegen 5 Uhr ward wieder ins Lager geritten und bis nach der Retraite verweilt. Sodann ist Sozietät bei mir von meinen Adjutanten und zuweilen findet sich Karl Brause ein. Um 8 Uhr wird soupiert, aber nur unter uns und so verstreicht unser Leben ganz einförmig. Promenade und Schauspielhaus ist bis jetzt der Entfernung wegen noch nicht besucht worden.

Den 24ten September   Hielt General Reynier eine spezielle Revue über das Bataillon Niesemeuschel und sodann über das Chevauxlegers-Regiment Prinz Clemens konnte aber bei der ersteren wenigstens nichts zu tadeln finden, denn alle Berechnungen der Mannschaft trafen aufs Haus. Nachmittags 4 Uhr wurde zum erstenmale Gottesdienst im Lager gehalten, den selbst viele Pressburger beiwohnten.

Den 25ten September   Exerzierte die Infanterie.

Den 26ten September   Wohnte ich dem Exerzieren der Kavallerie bei. Abends spät kam der Befehl, dass den folgenden Morgen früh um 9 Uhr Revue vor dem Kaiser Napoleon sein sollte.

Den 27ten September   Marschierte die Infanterie der 1sten Division unter meinem Kommando und die Kavallerie, auf dem linken Flügel, unter dem General Gutschmidt, auf dem gewöhnlichen Exerzierplatz zur anbefohlenen Stunde auf um Sr K.K. Majestät zu erwarten. Mit dem Frühesten war aber schon der General Reynier und der General Zezschwitz nach Neudorf geeilt, wo die Revue der 2ten Division zuerst erfolgen sollte. Wir hatten schon einige Stunden vergeblich geharrt, als sich die Nachricht verbreitete, die beiden Österreichischen Generals, Fürst Lichtenstein und Graf Bubna, wären in der vergangenen Nacht in Wien mit Aufträgen von ihrem Kaiser an den französischen Kaiser angelangt. Anfänglich maß ich diesem Gerücht nicht völlig Glauben bei; da aber die Mittagsstunde schon verstrichen war und späterhin endlich aus Neudorf die Notiz ankam, dass der erwartete große Mann um 2 Uhr noch nicht angelangt sei, so berechnete ich mir freilich, dass unser Warten vergeblich sein würde. Indessen konnte ich ohne Befehl doch nicht einrücken – und unsere Geduld war beinahe auf die härteste Probe gesetzt, als sich die Sonne schon zum Untergang neigte. Um 6 Uhr erfolgte der erwünschte Befehl, doch mit der Weisung, am anderen Tage wieder in derselben Weise auf nämlichen zu stehen.

Den 28ten September   Früh um 1 Uhr brachte mir ein Adjoint des Generalstabes die Ordre, dass die Revue bis auf weiteren Befehl gänzlich aufgeschoben sei. Etwas glücklicheres hätte uns nicht begegnen können denn der Regen strömte den ganzen Tag unablässig vom Himmel herab – und die gestrige Partie hatte uns doch zu viel Langeweile verursacht, ohngeachtet sich ganz hübsche Leute um uns herumdrehten

Den 29ten September   Die ganze Nacht hat der Sturm gewütet und der Regen hat bis jetzt nicht aufgehört – schon werden die Blätter an den Bäumen gelb und alles erinnert uns an den herannahenden Herbst; meine Aussicht verliert also sehr an ihrer Anmut. Unsere Soldaten im Lager sind übel dran, denn dieser Witterung widerstehen ihre Hütten nicht. Einige Bataillons hatten heute eine so genannte Revue de rigueur auszuhalten.

Den 30ten September   Verbreitete sich von Wien aus das Gerücht, dass der Friede unterzeichnet sei, aber noch ist nichts Offizielles eingegangen.

Den 1ten bis mit 3ten Oktober   War alles in der gespanntesten Erwartung wegen des geschlossenen Friedens – und selbst die Beschwerden, welche die nasse und kalte Witterung im Lager verursachte, wurden durch die Hoffnung, das Vaterland wiederzusehen, erträglich.

Den 4ten Oktober Ließ die bisherige Kälte etwas nach und der lauere Wind trocknete die Hütten und die Kleidung. Man hörte eine entfernte Kanonade auf der Österreichischen Seite – vermutlich zur Feier des Namenstages vom Kaiser Franz. Die Friedensposaune erschallte noch nicht. Abends bewirtete uns unser Baron mit einem deliziösen Punsch.

Den 5ten bis mit 9ten Oktober Immer noch der Gang der alltäglichen Ereignisse wie bisher – bald verkündet man Krieg, bald Frieden. An den letzteren zweifeln die Vernünftigeren zwar nicht mehr, aber über die Bestimmung des Sächsischen Korps schwebt ein schauerliches Dunkel.

Den 9ten Oktober Man versichert, dass ein Teil der Kaiserl. Franz. Garden von Wien abmarschiert sei; man schließt daraus auf des Kaisers baldige Abreise.

Den 10ten Oktober Drei Jahre sind es heute, als wir das unglückliche Gefecht bei Saalfeld hatten – wo der Grund zu allen folgenden Begebenheiten gelegt wurde. Wohl dem, der das Bewusstsein daran trug, seine Pflicht ganz erfüllt zu haben.

Den 11ten bis mit 13ten Oktober Hatten wir das entsetzlichste Regenwetter, mit Sturm und Kälte verbunden – das Lager schwamm beinahe; dennoch wurde nicht erlaubt, in die Stadt zu rücken, wiewohl ich die dringendsten Vorstellungen diesfalls machte. Das Gerücht von baldiger Erneuerung der Feindseligkeiten wurde selbst von Wien aus und sogar von Französischen Behörden verbreitet.

Den 14ten Oktober Diesen traurigen Tag, der uns die Bataille von Jena unzweifelhaft ins Gedächtnis zurück rief, suchte ich durch verschiedene kleine Neckereien, die ich mit dem Leutn. Langenau, dessen Geburtstag es ist, sowohl selbst veranstaltete als durch meine 2 andern Adjutanten veranstalten ließ – aufzuheitern.

Den 15ten Oktober Früh 1 Uhr erhielt ich ein Billet vom Generalleutnant von Zezschwitz, worin mich derselbe benachrichtigte, dass der Friede am gestrigen Tage früh um 9 Uhr in Schönbrunn durch den Fürsten Lichtenstein und Minister Champagny abgeschlossen und unterzeichnet – auch Nachmittags 3 Uhr durch 100 Kanonenschüsse in Wien bekannt gemacht worden sei. Ich expedierte diese Nachricht also ungesäumt an meine Bataillons. Um 11 Uhr verfügten wir /: d.h. die Generals :/ uns sämtlich en grande tenue zum General Reynier, um unsere Glückwünsche abzustatten. Um 12 Uhr geschah auch hier die Bekanntmachung durch 60 Kano- nenschüsse. Um 2 Uhr war Tafel beim General Reynier, der auch der Österreichische General Bianchi beiwohnte – auch ich war eingeladen, musste aber heftiger Kopfschmerzen wegen mich zu Bette legen.

Den 16ten Oktober Hütete ich größtenteils noch das Bett, weil ein Schnupfenfieber mich befallen hatte.

Den 17ten und 18ten Oktober Bekam ich noch keine Erlaubnis, das Zimmer zu verlassen, auch war die Witterung nicht verführerisch.

Den 19ten Oktober Besuchte ich früh wieder das Lager und begab mich zum General Reynier, um mich zu entschuldigen, dass ich seiner Einladung bei der Friedensfeier nicht hatte annehmen können. Dafür wurde ich auf heute gebeten, wo die Versammlung ziemlich zahlreich war. Es ging die sichere Nachricht ein, dass der Französische Kaiser von Wien abgereist sei.

Den 20ten Oktober Nachmittags kam der Generalleutnant von Zezschwitz ganz unerwartet in mein Zimmer und überbrachte mir die Notifikation vom Fürsten von Neufchatel, dass ich zum Mitglied der Ehrenlegion ernannt sei. Dem Generalleutnant war das goldene Kreuz verliehen und außer mir hatten 11 andere Offiziers, meist vom Generalstabe und der Artillerie das Legionärs-Kreuz erhalten. Es gereicht mir zur Beruhigung, keinen Schritt diesfalls getan zu haben.

Den 21ten Oktober Außer heftigen Regen fiel nichts von Bedeutung vor.

Den 22ten Oktober Erhielten die kampierenden Bataillons der 1sten Division den Befehl, in die Vorstädte zu rücken und die der 2ten Division, Kantonierungsquartiere in den nahe gelegenen Dörfern zu beziehen. Der Aufbruch aus dem hiesigen Lager geschah Nachmittags 4 Uhr.

Den 23ten Oktober Seitdem die Truppen das Lager bezogen hatten, vergingen wenig Tage ohne Regen oder Sturm; von dem Augenblick an, da sie solches verließen, trat das schönste Wetter ein und scheint fortdauern zu wollen.

Den 24ten Oktober Machte ich nebst denen hier anwesenden neuen Mitgliedern der Ehrenlegion dem General Reynier, welcher einige Tage verreist gewesen war, den Besuch, um ihn, als Repräsentanten des Kaisers unsern Dank zu bringen. Mittags speisten wir bei ihm; die Gesellschaft war außerdem noch ziemlich ansehnlich

Den 25ten Oktober Waren 1.000 Mann kommandiert, um die von uns angelegten Verschanzungen wieder zu demolieren; ganz unerwartet kam Mittags Generalbefehl und die Arbeiter mussten abgehen.

Bis jetzt war ich von hier aus auf dem linken Ufer der Donau umgesehen, weil ich mich, solange der Frieden noch nicht abgeschlossen war, nicht so weit von meiner Truppe entfernen wollte; der schöne Tag verleitete mich, nach dem Mittagessen über die Schiffbrücke die Donau aufwärts auf der Wiener Straße zu fahren. Ich hatte herrliche Aussichten, aber die auf unzähligen Stellen durch den Eisgang im vorigen Winter gesprengte und gänzlich ruinierte Chaussee und einige abgebrannte und verlassene Dörfer machten notwendig einen höchst unangenehmen Eindruck auf mich und verwischten die angenehmen Gefühle, welche die herrliche Gegend in mir erregt hatte.

Im Text genannte Sächsische Offiziere:

Barner, Wedig Christoph von, Generalmajor

Brause, Carl Heinr. George v., Capitaine, Rgt. Oebschelwitz

Brause, Friedrich Aug. Wilh. v., Capitaine, Rgt. König

Boblick, Carl Heinrich August von, Major, Rgt. König

Feilitzsch, Wilhelm Christian Ernst von, Generalmajor

Gärtner, August Ferd. Frhr. v., Premierltn., Rgt. Oebschelwitz

Großmann, George Friedrich von, Capitaine, Artilleriekorps

Gutschmidt, Christoph Siegm. Frhr.v., Generalmajor

Hartitzsch, Friedrich George von, Generalmajor

Hille, Carl Friedrich Wilhelm, Sousltn., Rgt. Cerrini

Jeschki, Friedr. Ctian v., Oberstleutnant, Rgt. Niesemeuschel

Kommerstädt, Carl Wilhelm v., Premierltn., Rgt. König

Landsberg, Carl Andreas Adolph Frhr.v., Sousltn., Rgt. König

Langenau, Wilhelm George v., Sousltn., Leib-Grenadier-Garde

Lecoq, Carl Christian Erdmann Edler von, Generalmajor

Lehmann, Carl Adolph Wilh. von, Major, Rgt. Carabiniers

Oebschelwitz, Carl Anton v., Sousltn., Rgt. Burgsdorff

Planitz, Carl Traugott Edler v.d., Major, Rgt. König

Polenz, George Friedrch August von, Generalleutnant

Schierbrand, Reinhold Fried. E. v., Premierltn., Niesemeuschel

Steindel, Friedrich Gottlob von, Oberst, Generaladjutant

Zeschau, Anton Wilhelm von, Fähndrich, Rgt. König

Zezschwitz, Joachim Friedr. Gotthelf von, Generalleutnant

Quellen

Hauptstaatsarchiv Dresden

Bestand 11 372 Militärgeschichtliche Sammlung

Akte 085   Tagebuch des Generals v.Zeschau 1809

Richter – Der königl. sächs. Militär St. Heinrichs Orden – Frankfurt 1964

Stamm- und Rangliste der königl. sächs. Armee auf das Jahr 1809 – Dresden 1809

Wächtler – Die königl. sächs. Mitglieder der Ehrenlegion – Chemnitz 2002

Abbildung   wikipedia

In dieser Reihe sind an Memoiren, Berichten und Tagebüchern weiterhin erschienen:

No. 2 Die Berichte der sächsischen Truppen aus dem Feldzug 1806 (I) – Brigade Bevilaqua

No.19 1812 – Die Sachsen in Russland / Der Feldzug des VII. Armee-Korps in den Tagesbefehlen des Generalstabes und der Intendanz

No.21 Das Tagebuch von Ernst Ferdinand Aster aus dem Jahre 1812

No.22 Das Tagebuch von Friedrich Ernst Aster aus dem Jahre 1812

No.23 1813 – Die Sachsen im eigenen Land / Der Feldzug der sächsischen Truppen im VII. Armee-Korps in den Befehlen und Rapporten des Generalstabes und der Intendanz ꙏ ❖ ꙅ